CÓRRER O MORIR

Kilian Jornet

CÓRRER O MORIR

ara LLIBRES

Primera edició: març de 2011

Ara Llibres SCCL
Corders, 22-28
08911 Badalona
Tel. 93 389 94 70
www.arallibres.cat

GrupCultura03

Fotografia de la coberta: www.foto-sintesi.cat

Disseny de coberta i del plec de fotografies: Cristina Serrano

Fotocomposició: Fotoletra, S.A.

Impressió: Liberdúplex

ISBN: 978-84-92907-38-0
DIPÒSIT LEGAL: B-8.090-2011

A la Núria, per ensenyar-me el camí
i il·luminar-lo quan es fa fosc

ÍNDEX

Manifest de l'Skyrunner 11

1. Què vols ser de gran? 13
2. L'adrenalina del dorsal 31
3. No tan sols competició 53
4. La Ciutat del Vent 77
5. Entre aigües 109
6. La victòria dels sentits 129
7. Córrer lluny per trobar-se un mateix 141
8. Un cim es corona quan hem aconseguit baixar-ne 159
9. En què penso quan penso a córrer 177

Agraïments 187

Manifest de l'Skyrunner

Kiss or kill. Besa o mata. Besa la glòria o mor en intentar-ho. Perdre és morir, guanyar és sentir. La lluita és el que diferencia una victòria, un vencedor. Quantes vegades has plorat de ràbia i de dolor? Quantes vegades has perdut la memòria, la veu i el seny de l'esgotament? I quantes vegades, en aquesta situació, t'has dit, amb un gran somriure: «Una altra volta! Un parell d'hores més! Una altra pujada! El dolor no existeix, només és dins del teu cap. Controla'l, destrueix-lo, elimina'l i continua. Fes sofrir els teus rivals. Mata'ls». Sóc egoista, oi? L'esport és egoista, perquè s'ha de ser egoista per saber lluitar i sofrir, per estimar la soledat i l'infern. Aturar-se, estossegar, tenir fred, no sentir les cames, tenir nàusees, vòmits, mal de cap, cops, sang... Hi ha alguna cosa millor?

El secret no està en les cames, sinó en la força de sortir a córrer quan plou, fa vent i neva; quan els llamps encenen els arbres en passar pel seu costat; quan les boles de neu o les pedres de glaç et colpejen les cames i el cos nu contra la tempesta i et fan plorar, i, per continuar, t'has d'eixugar les llàgrimes per poder veure les pedres, els murs o el cel. Renunciar a unes hores de festa, a unes dècimes de nota, dir «no!» a una noia, als llençols que se t'enganxen a la cara. Posar-hi collons i sortir sota la pluja fins que les cames sagnin dels cops que t'has donat en caure al terra pel fang, i tornar-te a aixecar per continuar pujant... fins que les teves cames cridin a plens pulmons: «Prou!». I et deixin penjat enmig d'una tempesta en els cims més llunyans, fins a morir.

Les malles mullades per la neu que arrossega el vent i que també se t'enganxa a la cara i et congela la suor. Cos lleuger, cames lleugeres. Sentir com la pressió de les teves cames, el pes del teu cos, es concentra en els metatarsos dels dits dels peus i fa una pressió capaç de trencar roques, destruir planetes i moure continents. Amb les dues cames suspeses en l'aire, flotant com el vol d'una àguila i corrent més veloces que un guepard. O baixant, amb les cames lliscant sobre la neu i el fang, just abans d'impulsar-te de nou per sentir-te lliure per volar, per cridar de ràbia, odi i amor al cor de la muntanya, allà on només els més intrèpids rosegadors i les aus, amagats dins dels seus nius sota les roques, es poden convertir en els teus confessors. Només ells coneixen els meus secrets, els meus temors. Perquè perdre és morir. I no es pot morir sense haver-ho donat tot, sense trencar a plorar del dolor i de les ferides, no es pot abandonar. S'ha de lluitar fins a la mort. Perquè la glòria és el més gran, i només s'ha d'aspirar a la glòria o a perdre's pel camí, havent-ho donat tot. No s'hi val a no lluitar, no s'hi val a no sofrir, no s'hi val a no morir... Ja és hora de sofrir, ja és hora de lluitar, ja és hora de guanyar. Besa o mor.

Aquestes eren les paraules que, durant aquells anys, enganxades a la porta d'un vell apartament, llegia cada matí abans de sortir a entrenar.

1

Què vols ser de gran?

—Comptador de llacs. Jo, de gran, vull ser comptador de llacs! —La professora va apartar la mirada de la pissarra, on anava fent una llista amb les professions que desitjàvem ser de grans els nens de la classe, fins a la meva taula.

—Sí, comptador de llacs. Però no tan sols vull comptar quants n'hi ha. Jo aniré per la muntanya i, quan trobi un llac, miraré com és de profund tirant-hi una pedra al mig amb una corda lligada, miraré quants passos fa de llargada i d'amplada. Els rius que hi arriben, d'on vénen. I els que en surten, cap a on van. Miraré si hi ha peixos, o granotes, o capgrossos. I si l'aigua és neta o no. —La Rosa em mirà encara més sorpresa, ja que no és la feina més corrent que volen fer els nens de cinc anys, però jo n'estava convençut. Era el meu destí.

Entre això i el fet que, durant totes les ascensions i les excursions que vaig fer des que tenia consciència, sempre tornava a casa amb una pedra, com a mínim, del cim o del punt més alt on havíem arribat, un costum que encara avui guardo —col·lecciono pedres de tot tipus i colors: volcàniques del Kilimanjaro i de la Garrotxa, granits dels Pirineus i dels Alps, ocres del Marroc i de la Capadòcia, blaves de l'Erciyes, lloses del Cerro Plata...—, crec que estava predestinat a ser geògraf o alguna professió similar. Predestinat a descobrir les entranyes de la Terra buscant pedres en tots els cims i les coves, a conèixer els seus paisatges i a desvelar com havia estat capaç d'aixecar aquestes construccions tan complexes que són les serralades, amb les seves muntanyes, les valls, els llacs... I com tot això, d'una manera o altra, funcionava perfectament, com un rellotge suís, sense que res ni ningú, ni tan sols els homes més poderossos, no pogués aturar el seu ritme vital.

Crec que aquesta vegada va ser una de les poques vegades que he dit «jo vull ser». Sempre he estat més una persona d'aquelles que diuen «intentaré...». He estat una persona tímida i sempre he pensat que cal deixar que el temps passi, que finalment les coses es posin al seu lloc. I el meu destí, el temps el va anar col·locant on havia de ser.

La meva infància va ser la d'un nen normal. Em passava el temps fora de l'escola jugant al voltant de casa dels meus pares, sol, amb la meva germana o amb amics de l'escola que venien a passar alguna tarda. Jugàvem a fet i amagar, a atrapar-nos, construíem cabanyes i fortaleses, i transformàvem l'entorn en paratges imaginaris d'imatges de còmics o de pel·lícules. Mai no he estat una persona d'aquelles que es tanquen dins de casa i vaig tenir la sort que els meus pares vivien en un refugi de muntanya, del qual el meu pare n'era el guarda, situat a 2.000 m d'altitud, al vessant nord de la Cerdanya, entre cims fronterers amb França i Andorra. El meu terreny de joc no ha estat mai un carrer o un pati, han estat els boscos del cap del Rec, les pistes d'esquí de fons i els cims de la tossa Plana, la Muga, el port de Perafita... Va ser allà on vaig començar a descobrir el món fascinant de la natura.

Quan tornàvem de l'escola, no teníem temps de deixar les motxilles al menjador que ja érem a fora enfilant-nos sobre les roques o penjats de la branca d'un arbre a l'estiu, o saltant camps plens de neu amb els esquís de fons a l'hivern.

Cada vespre, abans d'anar a dormir i amb el pijama posat, sortíem la meva germana, la meva mare i jo a fer un passeig pel bosc a les fosques, sense frontal. Evitàvem els camins i, d'aquesta manera, a poc a poc, quan els nostres ulls s'adaptaven a la foscor i les nostres orelles al silenci, érem capaços d'escoltar com respirava el bosc i de veure el terreny a través dels peus. Tenim el sentit de la vista sobrevalorat i, quan n'estem privats, ens sentim desprotegits i indefensos dels perills del món. Però, quin perill pot haver-hi en un bosc pirinenc a la nit? Realment, els únics depredadors naturals, llops i óssos, fa anys que són escassos. Quant als altres animals, quin perill pot representar creuar-se amb una guineu o una llebre per a un animal deu o quinze vegades més gran que ells? I els arbres? Amb l'orella aprens a escoltar com el vent mou les seves fulles i així els pots veure. I el terreny? Els peus ens indiquen si hi ha branques, herba, fang o aigua. Si puja o baixa, o si de cop hi ha un salt.

I, d'aquesta manera, van anar passant ràpidament els anys, entre jocs al voltant del refugi i excursions els caps de semana i durant les vacances. Sempre que teníem dos o més dies lliures els aprofitàvem per anar a explorar una muntanya nova. Quan ja caminàvem, vam començar a pujar les que ens quedaven més a prop, els cims al voltant del refugi. I, progressivament, vam anar buscant noves aventures més lluny. A tres anys ja havia pujat la tossa Plana, el Perafita i la Muga. I pel que fa als cims de l'Aneto, a sis anys vaig fer el primer quatre mil, i a deu, vam fer la travessia dels Pirineus en quaranta-dos dies... Però mai en aquestes excursions no vam anar-hi seguint els passos dels nostres pares. Eren ells els que ens portaven fins al cim i ens guiaven, però érem nosaltres els que havíem de descobrir el camí, buscar els senyals i entendre per què el camí anava per aquí i no per allà. No érem simples observadors del que passava al nostre voltant, sinó que la muntanya adquiria un significat més ampli que el de terreny de lleure. Era un terreny de vida, que havíem de conèixer per poder-nos-hi moure amb seguretat, per poder interpretar i preveure els seus perills. En fi, havíem d'adaptar-nos al terreny on havíem nascut. I d'aquesta manera, fent-nos-en sentir part, els nostres pares ens van ensenyar a estimar la muntanya. Perquè, en el fons, la muntanya és com una persona: per estimar-la, primer cal conèixer-la, i una vegada la coneixes, pots saber quan està enfadada i quan està contenta, com tractar-la, com jugar amb ella, com cuidar-la quan li fan mal, quan és millor no molestar-la..., però la diferència amb qualsevol persona és que la muntanya, la natura, la terra, és immensament més gran que tu. Mai no s'ha d'oblidar que tu ets només un petit punt, un puntet en l'espai, dins l'infinit, i que és ella la que pot decidir en qualsevol moment si vol esborrar o no aquest punt.

Als vuit anys vaig fer una excursió que m'ha quedat gravada a la memòria, i que sovint recordo mentre estic corrent.

Vam arribar a la Corunya. El tren es va aturar i vam sortir a fora. El temps era fresc i, tot i que no plovia, semblava que començarien a caure les primeres gotes en qualsevol moment. Vam treure les bicicletes i ens vam posar a pedalar. Jo portava la bicicleta de muntanya de la meva mare. Era força nova i, malgrat que els peus amb prou feines m'arribaven als pedals, les decoracions de tots colors que envoltaven els radis de les dues rodes me'n feien inseparable. La meva germana tenia set anys i la seva bicicleta l'havia acompanyat els últims tres anys de la seva vida, i encara que la bicicleta estigués en perfecte estat, ella havia crescut durant aquells anys i havia de pedalar molt de pressa per poder seguir la marxa. La meva mare, que tenia uns quants anys més, anava amb una bicicleta Peugeot antiga de carretera amb els canvis al quadre i, sobre la roda del darrere, portava lligada una gran motxilla amb tot el que podíem necessitar per passar tots tres una setmana pedalant i dormint per Galícia.

Vam sortir cap al sud i sense gaires problemes vam anar avançant amb una més que acceptable coordinació de ritmes. Jo anava al davant amb l'enorme bicicleta, la meva germana anava al meu darrere fent més pedalades que un remer en una galera, i la meva mare anava amunt i avall per controlar que tots dos anéssim bé.

Amb la boira pixanera que ens deixava ben xops tot el dia, vam arribar a Santiago de Compostel·la. I en un dels descansos que fèiem, mirant un antic mapa de carreteres Michelin, la meva mare em va dir:

—Kilian, has de seguir aquesta línia —assenyalant la línia blanca del costat de la carretera— i no deixar-la en cap cruïlla, ja que hi haurà una carretera que seguirà cap a la dreta. D'acord?

Ho havia entès perfectament i em vaig posar a pedalar seguint concentrat en la línia blanca amb trossos discontinus de la carretera, mentre la meva mare em seguia des de lluny amb la meva germana. Van començar a arribar les cruïlles, els cotxes em passaven per la dreta i per l'esquerra, i els autocars i els camions em pitaven i m'escridassaven. Però jo seguia, fidel, les indicacions i em concentrava a no deixar la línia. Tot d'una vaig veure la meva mare corrent amb la bicicleta a la mà a l'extrem esquerre de la calçada. Cridava amb força perquè sortís del mig de la carretera.

—Kilian!, però què fas? Surt del mig de l'autovia!

Per alguna de les coincidències del moment, en pintar les carreteres, la línia que seguia em portava directament al segon carril de l'autovia que entrava a Santiago. I jo, convençut de les paraules de la mare, no la vaig deixar ni un centímetre. Em vaig apartar cap a on hi havia la meva mare, la qual, suant de l'esforç, em va abraçar i després va reparar la roda que havia punxat en perseguir-me.

Els tres dies següents van ser una dura lluita contra el vent del nord que bufava. Anàvem seguint els puja i baixes de les carreteres de la costa i el vent ens frenava amb força cap enrere. La meva germana tenia treballs a pujar amb la seva bicicleta petita i la meva mare ens controlava a mi, que em llançava a tota velocitat, i a ella al mateix temps. Tot i així, una tarda de núvols fins i aire fresc vam arribar al cap de Finisterre per veure una preciosa posta de sol a l'horitzó, sobre el mar.

El que no havíem pensat gaire bé és que, una vegada el sol es pon, la llum desapareix. Com sempre, ens vam posar en marxa per desfer el camí, i jo només tenia al cap una cosa que m'havia dit la mare: «Atura't al càmping de les portes verdes amb dues banderes al davant. Jo vindré amb la Naila».

Em vaig posar a pedalar i, amb tot el que donaven les meves cames, vaig començar a fer quilòmetres i quilòmetres. A la meva dreta van començar a desaparèixer les platges i va començar a aparèixer la muntanya. «Que estrany, creia que el càmping era més a prop», anava pensant a mesura que la nit es feia més negra i la carretera pujava i pujava més. Vaig arribar al port i vaig començar a baixar cap a l'altre costat. Al davant i a la meva dreta, no es veia cap llum ni cap indici que hi hagués un càmping més endavant. Vaig accelerar per arribar abans. Començava a fer fred i ja tenia son. Tot d'una, en girar un revolt, vaig veure com m'avançava un petit cotxe vermell i s'aturava davant meu. De la porta del conductor en va sortir un home baix i rodó que no parava de riure. Al cap de poc, de l'altra porta en va sortir la mare, encara amb les sabates d'anar amb bicicleta.

—Però que no has vist el càmping? —em va renyar.

—Mmm... no, no hi era. He vist platges i després muntanya —vaig dir, pensant en tot el que havia vist des que havia començat a pedalar.

—I a l'esquerra? —em va dir mirant-me incrèdula.

Em vaig sentir estúpid. Hi havia un cinquanta per cent de possibilitats que el càmping fos al costat esquerre de la carretera, però jo no vaig contemplar-ho en cap moment. Vaig somriure, rient-me de mi mateix, i vaig pujar al cotxe amb el propietari del càmping, que ens va dur fins a la tenda on la meva germana ens estava preparant el sopar.

L'endemà ens vam llevar d'hora per arribar a la Corunya aquella tarda, ja que teníem el tren de tornada a Puigcerdà l'endemà a primera hora. Aquesta vegada vam sortir tots junts per evitar cap més incident, però a l'última pujada abans d'arribar a la ciutat, la bicicleta de la meva mare va dir que prou, que ja havia viscut moltes batalles, i la cadena i els canvis es van bloquejar. Com que entre els més de vint quilos que portava a la motxilla no vam preveure res per reparar les bicicletes, vam haver d'anar a una petita botiga del poble més proper a comprar oli.

Després de moltes proves i d'anar movent tot allò que podíem moure amb les mans, vam aconseguir desbloquejar la cadena, però la bicicleta va quedar amb el pinyó fix. Com que, per baixar, la meva mare no podia posar els peus als pedals, tret que volgués que les seves cames semblessin una rentadora fent un programa d'assecatge exprés, es va posar al davant amb les cames sobre el manillar i nosaltres al darrere per vigilar que no hi hagués cap incident.

Aquella nit vam dormir en un hostal al centre de la ciutat i l'endemà al matí vam sortir ben d'hora a buscar el tren. A l'anada havíem tingut problemes en portar les bicicletes, per això aquesta vegada vam ser previsors i les vam empaquetar a l'hotel. No teníem cap funda ni cartrons i les vam haver de posar dins dels sacs de dormir. L'únic problema d'aquest sistema tan estudiat era el fet de transportar-les fins a l'estació, ja que la meva germana i jo érem incapaços d'aixecar aquells paquets que eren més grans que nosaltres. El sistema que vam pensar va ser el següent: jo anava amb la meva mare amb una bicicleta fins a mig camí i allà em quedava jo amb la bicicleta. Ella tornava a buscar l'altra bicicleta i amb dos viatges tornava amb la bicicleta i la Naila. I així una altra vegada des del centre fins a l'estació.

La meva bondat i la de la meva germana ens van privar de guanyar el nostre primer sou. La gent, en passar pel nostre costat i veure un nen o una nena sols, amb la cara cansada d'uns quants dies d'esforç i la roba bruta de les cadenes de les bicicletes, asseguts al costat d'un gran sac de dormir, obrien el cor i ens oferien diners per menjar. Nosaltres els miràvem estranyats, sense entendre què els feia pensar que estàvem tan prims, si poques hores abans havíem esmorzat, i, naturalment, els refusàvem els diners.

Finalment vam arribar tots tres a l'estació de tren, on, seguint les ordres del revisor, vam haver de treure les bicicletes dels sacs de dormir i quedar-nos a la zona de portes i anar-les passant de dreta a esquerra perquè els passatgers poguessin entrar i sortir del tren a cada estació, fins que després d'unes quantes hores vam fer pena a una hostessa que ens va deixar la sala on guardaven el material del tren per posar-hi les bicicletes i vam poder dormir fins a arribar de nou a casa.

I les excursions van passar de joc a activitats i d'activitats a esport. I la competició va arribar al mateix temps que vaig entrar a l'institut, ja que em vaig inscriure al Centre de Tecnificació d'esquí de muntanya per treure tota l'energia que portava dintre. I van començar els entrenaments, les curses amunt i avall; primer per tots els Pirineus i, més endavant, per tot Europa. Van arribar els primers resultats i, amb ells, les ganes de fer-ho millor. Amb l'ajuda de la Maite Hernández, el Jordi Canals i tot l'equip del Centre de Tecnificació, i de la meva mare que em portava amunt i avall per poder entrenar al matí abans d'anar a l'institut, semblava que la meva carrera estava llançada i que els èxits més importants encara havien d'arribar, tot i que ho guanyava tot en categories inferiors.

Però la vida sempre ens posa obstacles: el 22 de desembre de 2006, just l'endemà d'haver guanyat per primera vegada el meu referent, l'Agustí Roc, tornant cap a casa de l'autoescola, en saltar d'un carrer a l'altre com tantes vegades havia fet, els meus peus no es van poder coordinar i vaig caure al terra amb un gran impacte. Vaig sentir un gran dolor al genoll esquerre i a la mà dreta.

Vaig anar fins a casa com vaig poder i em vaig asseure al sofà esperant que la inflamació baixés i el dolor anés disminuint. Lluny d'això, ja entrada la nit, tenia el genoll tan inflat que, tot i les meves reticències, em van portar a l'hospital.

—Tens la ròtula del genoll i el metatars de la mà trencats —va dir la doctora, i, mentre pronunciava aquestes paraules, el món se m'anava enfonsant—. El millor és que, com més aviat millor, t'operem i et posem un cerclatge. Esperem que quedi perfecte.

La decisió era dura i jo en aquell moment era incapaç de pensar amb claredat. Em trobava en el millor estadi de la meva curta carrera esportiva, i, amb tan sols divuit anys, no veia cap sortida possible. S'havia acabat la meva carrera? Em podria recuperar d'aquella lesió? Segurament podria tornar a fer esport, però podria recuperar el nivell que tant m'havia costat aconseguir? Volia saber-ho i volia saber-ho de pressa. No em podia imaginar un any sense competir, sense entrenar i sense fer esport. Què faria? El meu cap estava massa ocupat fent-se preguntes i buscant les respostes mentre m'operaven per posar-me un cerclatge al voltant de la ròtula.

Havia de buscar altres solucions. En cas que no pogués tornar a competir en alt nivell havia de buscar altres motivacions i objectius per lluitar. D'aquesta manera, durant els tres mesos que vaig estar amb la cama enguixada, em vaig dedicar a trobar tota la informació possible sobre l'esquí de muntanya. Vaig buscar estudis i testos de tècnica que s'havien fet en esquí de fons per aplicar-los al meu esport. Vaig buscar en llibres de psicologia esportiva com podia millorar tàcticament. Em passava les nits davant de l'ordinador navegant entre pàgines web de fisiologia i estratègia esportiva per aprofundir en el coneixement del meu cos, evitant les nits blanques amb massa preguntes sense respostes.

Al mes de març vaig anar a l'hospital per treure'm el guix. La decepció va ser enorme en veure per primera vegada, després de temps, la meva cama. No, no, aquella no era la meva cama! No era possible! La meva era ben musculada i forta. No podia ser que aquell tros de filferro pelut fos meu! Déu meu! Llavors sí que ho vaig veure negre! Per consolar-me, vaig pensar que, almenys, amb els coneixements que havia adquirit durant aquells tres mesos d'investigació intensiva sobre l'esport, podria continuar vinculat d'alguna manera amb l'esport.

Les primeres sessions amb el fisioterapeuta van ser horribles. Era incapaç d'arronsar la cama sense l'electroestimulació; era incapaç d'aguantar-me dret sense l'ajuda d'una crossa. Com podria tornar a córrer si no em podia aguantar dret? Però, a poc a poc, vaig anar millorant i la cama va començar a guanyar gruix. Al cap d'una setmana ja era capaç d'aguantar-me dret sense ajuda de cap bastó, i, si m'aguantava dret, volia dir que podia aguantar-me sobre uns esquís, oi? Ho vaig provar. Vaig anar a les pistes d'esquí i em vaig posar les botes per primera vegada des de feia quatre mesos. Pensava que segurament als metges no els faria gaire gràcia que esquiés, però, al cap i a la fi, només estava dret, i les botes m'aguantaven el peu. Era el mateix que ser a casa i fer exercicis de gimnàstica... Vaig començar a pujar per les pistes i, tot i que el meu estat de forma era patètic, em vaig adonar que podia fer-ho, que podia tornar a ser qui era, i vaig sentir com l'adrenalina se'm començava a escampar per totes les venes. Vaig arribar a dalt de les pistes amb l'excitació del qui acaba de guanyar la prova reina dels Jocs Olímpics. Em vaig posar a cantar, a ballar i a cridar com si estigués sol al món. Els esquiadors del voltant em miraven com si fos boig. De fet, després de tants mesos sense fer esforç, la destrucció de neurones devia haver estat força gran. I després de la pujada d'adrenalina, va començar a tornar la consciència i també la pregunta bàsica: «Com dimonis m'ho faré per baixar?».

Estava tan excitat en veure que podia tornar a esquiar que no m'havia plantejat que després de pujar, evidentment, havia de tornar a baixar. Vaig començar baixant a cavall d'un amic que va oferir voluntari la seva esquena per suportar el meu pes. A mitja baixada ens vam adonar que no era la millor solució i vaig continuar baixant amb una sola cama, la bona, i amb la dolenta doblegada per evitar que toqués el terra.

A partir d'aquí només vaig tenir un objectiu: convèncer els metges i els fisioterapeutes perquè pogués començar a entrenar. Al principi va ser dur; quan vaig dir a la doctora, amb un somriure d'orella a orella, que havia anat a esquiar i que no havia anat del tot malament, la resposta va ser clara i contundent:

—Et torno a enguixar!

—No, no no!, sisplau, faré bondat, faré el que faci falta. Gimnàs, piscina, fisio..., però guix no, sisplau!

Quan vaig veure que la via mèdica estava totalment obstaculitzada, em vaig centrar en el meu fisioterapeuta. Em va dir que quan doblegués la cama noranta graus podria començar a fer bicicleta estàtica, i que, mentrestant, podia anar a la piscina a caminar sota l'aigua. A partir d'aquell moment vaig fer el possible per doblegar la cama: m'asseia damunt seu per pressionar-la, em penjava pesos cada vegada més pesants perquè l'articulació anés guanyant mobilitat, i, a poc a poc, vaig avançar uns quants graus. I, pel que fa a la piscina, hi vaig anar un dia, però vaig veure que allò de caminar sota l'aigua i anar fent voltes a una bassa envoltat de jubilats no era el més divertit del món, així que vaig arribar a la conclusió que podia reinterpretar les paraules del fisioterapeuta: ell m'havia parlat de caminar sota l'aigua. Al cap i a la fi, la piscina és aigua, i aigua i neu vénen a ser el mateix, però canviant l'estat... Quina culpa en tenia jo, que la física fos tan capritxosa? Doncs a caminar, amb esquís als peus i a la neu, fins que tres setmanes més tard vaig arribar als desitjats noranta graus i em vaig posar sobre una bicicleta estàtica. La primera sessió no va anar malament del tot i el fisioterapeuta em va dir que podia anar al gimnàs de Puigcerdà a fer sessions de bicicleta estàtica.

Anar-hi, hi vaig anar, vaig aguantar quinze minuts sobre la bicicleta mirant els videoclips de la pantalla de tele que tenia al davant i vaig arribar a la conclusió que, en el fons, noranta graus són noranta graus en una bici estàtica i en una bici de carretera. Vaig mirar a fora, feia sol i la temperatura era bona. Vaig anar a casa, vaig agafar la bicicleta i vaig sortir a fer una volta: un port, un altre port, i així vaig començar a alternar les sortides amb esquís i les de bicicleta. En el fons jo vaig fer tot el que em van dir: caminar amb aigua i anar amb bicicleta; les circumstàncies, si no me les demanaven, era millor no especificar-les per si de cas. El problema va arribar quan la metgessa va veure les classificacions del Campionat de Catalunya d'esquí de muntanya.

—És que com que estava al costat de casa..., m'hi vaig acostar a veure l'ambient i com que l'any passat m'havia anat bé, resulta que tenien un dorsal per a mi, i jo no sé dir que no i no hi vaig poder renunciar. Vaig sortir tranquil·lament, no pensava acabar la cursa, però és que era més fàcil acabar-la que haver de pujar fins allà amb cotxe, perquè les carreteres estan molt malament... Però només vaig baixar amb una cama, eh?. Vaig vigilar molt i no vaig forçar-la gaire... —li vaig respondre amb el cap cot però amb un somriure que se m'escapava.

—Bé, de tota manera, com que no hi ha res a fer —em va dir—, almenys vigila de no caure fins que et traguem els ferros del genoll.

I amb carta lliure vaig començar a entrenar com un condemnat i a poc a poc vaig anar recuperant el nivell que tenia abans de la desafortunada caiguda i, fins i tot, el vaig superar.

* * *

En la vida arriba un dia que has de decidir quin és el tren que vols agafar i, una vegada hi has pujat, no pots pensar què passaria si n'agafessis un altre. S'ha de gaudir al màxim i aprofitar al màxim tot el que ens ofereix en el seu interior. No podem saber què és el que hi ha dintre dels altres trens, tot i que moltes nits ens despertem somiant que eren millors. En realitat, la perfecció nomes existeix en el nostre interior, en el que creiem nosaltres que és perfecte. Cada camí ens portarà a un indret diferent, però seran els nostres passos els que ens faran trobar més o menys espurnes de felicitat en qualsevol dels camins.

La decisió està presa: a divuit anys és quan has de començar a escollir la vida, escollir un treball, una carrera, una família, el menjar de la nevera, un cotxe, un pis on viure, un compte al banc, si vols tenir animals, el cobrellit, els mobles de la cuina, els coberts i els tovallons, triar el canal de televisió que vols mirar, triar el contracte del telèfon mòbil, triar què vols menjar a l'hora de dinar, com matar el temps les tardes de diumenge, triar el futur, triar la vida. No, jo no vaig escollir això. Jo vaig escollir una altra vida.

Vivia en un estudi de 18 m^2 al Grand Hotel de Font-romeu. Vivia amb un amic, tot i que normalment hi havia més de cinc o sis persones dormint al terra. Estava a la planta baixa de l'enorme edifici de començament de segle que domina l'esquena de Font-romeu. L'habitació era a la dreta del gran *hall*, on hi havia unes grans escalinates en forma de cargol amb baranes de marbre que mostraven que, en algun temps, havien format part de l'esplendor de la burgesia francesa. Tot i que ara, deshabitat i fosc, semblava més una imitació de l'hotel d'*El resplandor*. La porta de l'habitació era de fusta gruixuda, amb una capa de pintura d'un color inapreciable que es començava a escrostonar. El pany i una petita placa d'alumini daurat en què s'hi llegia «18», repintat amb retolador, eren els únics trets distintius de les més de cinquanta portes que tenia l'ala de l'edifici. Una vegada a l'interior, a l'esquerra hi havia una tassa de vàter separada per una porta corredora i, a la dreta, un bany amb una pica, un mirall i una banyera petita en la qual només hi podies estar dret. L'habitació era de forma quadrada, d'uns 18 m^2, amb una sola finestra que, això sí, cobria tota la façana nord i que sovint estava entreoberta per preveure els dies que tornàvem a casa —cosa que passava sovint—, les portes eren tancades i havíem perdut les claus vés a saber on. El terra estava recobert d'una gruixuda moqueta blava que havíem tallat nosaltres mateixos, i l'únic moble que hi havia era una llitera enganxada a la paret esquerra. A la dreta hi havia la cuina, amb tres fogons i un forn, on guardàvem dues cassoles, una paella i una planxa. Al costat dels fogons, hi havia un paquet de cereals de xocolata, cinc paquets de galetes, dos paquets de mig quilo d'espaguetis i tres de macarrons, un pot de sal i un d'orenga, una ampolla d'oli —la nevera, petita, rarament estava plena—, dos pots de tomàquet fregit, un paquet d'un quilo de formatge ratllat i un tros de tres quilos de formatge de Beaufort: aquests eren els aliments que componien la nostra dieta. De fet, el més normal era preparar una cassola de pasta amb tomàquet fregit i anar-la reescalfant quan tornàvem d'entrenar i vèiem que les forces començaven a decaure, i aguantàvem fins que les forces tornaven a marxar. L'important era consumir com més calories millor, per poder aguantar corrent el màxim de temps possible.

Davant de la llitera, sobre una cadira, teníem col·locat un petit televisor on sempre teníem posat el mateix DVD: *La tecnica dei campioni*, en el qual s'hi veien gravacions i anàlisis tècniques dels més grans esquiadors de muntanya del moment. Abans de sortir a entrenar, una sessió de vídeo ens donava la motivació per sortir al dos-cents per cent i intentar imitar els viratges de l'Sthéphane Brosse o el bastoneig del Guido Giacomelli.

La roba estava apilada al terra, sota la finestra, en dues fileres. Al darrere, els pantalons, les samarretes i els jerseis de vestir, i, al davant, la roba d'entrenament, les granotes d'esquí, les samarretes tèrmiques, els pantalons i les malles, els guants, els gorros... Al costat de la roba, el taller de material, la planxa i les ceres per als esquís, tisores, cúters, trossos de teles de tot tipus, una serra radial, cordes i cordinos amb els quals construíem, i també destruíem, fèiem i desfèiem, tot el material que teníem. La resta de l'habitació estava recoberta pel que en dèiem «les nostres primeres xicotes»: les bicicletes, les vambes, les botes i els esquís, que rebien un tracte preferencial dins l'estudi. A les parets, vam penjar-hi un pòster de la vintena edició de la Pierra Menta, una cursa d'esquí de muntanya per equips de dues persones que dura quatre dies i que és coneguda com el Tour de França de l'esquí de muntanya; la cursa que havien guanyat els més grans corredors de la història, la cursa que s'havia de fer almenys una vegada a la vida i amb la qual somiàvem dia rere dia, en entrenar, dormir, menjar. Darrere la porta d'entrada hi havíem penjat el *Manifest de l'Skyrunner*, l'escrit que ens donava força per aguantar el màxim de temps corrent quan la meteorologia ens era adversa.

Així, entre aquestes parets i amb moltes ganes de destruir els nostres cossos a base d'hores i hores d'entrenament, va néixer la Fuenri's Factory. Un grup d'amics amb dues idees al cap: metres i més metres. La resta no importava. Tant era on i com dormir, què menjar o, si era necessari, no menjar. L'important era entrenar i competir al màxim.

Recordo haver sortit de casa amb bicicleta i els esquís enganxats a la motxilla i recórrer 60 quilòmetres per arribar a la neu, esquiar fins que es feia fosc i tornar de nit a casa, amb la llum del frontal, glaçat. Recordo haver plantat la tenda al pàrquing d'Astún la nit abans d'una cursa i haver-nos llevat a menys quinze graus sense poder desplantar la tenda perquè havia quedat enganxada al glaç del terra, abans de participar als Campionats d'Espanya. Recordo moltes nits de dissabte dormint als seients del cotxe o al maleter amb un sac de dormir per poder competir el diumenge.

Totes les nostres vides giraven al voltant de la competició. Dormíem i menjàvem el just per poder entrenar i entrenàvem el màxim per poder competir i intentar obtenir els millors resultats possibles. Tots els nostres ingressos, que es limitaven a les beques per resultats i als premis de les curses, estaven destinats a pagar el pis i a comprar el millor material, que després destruíem al nostre taller per intentar deixar-lo al més lleuger possible, amb les conseqüències evidents. Anàvem canviant de botiga per comprar les botes, ja que ja ens feia vergonya entrar per quarta setmana consecutiva a comprar un altre parell de botes. El punt culminant va arribar al mes de març, quan, sense llum a l'estudi, ja que consideràvem més important tenir un bon parell de bastons de carboni que llum, un dimecres, estàvem l'Álvaro, el company de pis i de curses, i jo, al terra de l'habitació, amb els 200 euros del lloguer d'aquell mes escampats sobre la moqueta, qüestionant-nos si era més important donar-los a Madame Levy, la propietària, o marxar aquella mateixa tarda cap a Arêches Beaufort, que per a nosaltres, en aquell moment, era el centre del món i on l'endemà començava la Pierra Menta.

Era evident que tots dos sabíem què faríem al final i pocs minuts després estàvem carregant la Peugeot partner blanca amb les maletes i els esquís. Vam recollir la Naila, la meva germana, i la Mireia, la meva millor amiga, que feien equip juntes, i ens vam llançar per la A9 fins a arribar, set hores més tard, a Arêches. Allà va començar una odissea, la de convèncer l'organització perquè ens deixessin córrer. Evidentment, les inscripcions de la cursa anaven molt preuades i, tot i córrer en la categoria júnior, les places eren limitades i feia temps que s'havien acabat. Però no vam perdre l'esperança i després d'hores corrent amunt i avall i parlant amb tots i cadascun dels organitzadors, vam aconseguir tenir un dorsal. Un dorsal de la Pierra Menta. El nostre somni començava aquí. Vam dormir a l'habitació de les noies, ja que ens havíem gastat els 200 euros en la inscripció i ja no ens podíem permetre gastar més diners en un hotel.

La cursa va ser genial; un ambient increïble, bones sensacions, una victòria el diumenge i un segon lloc a la general de joves, i, sobretot, molta, molta adrenalina en llevar-nos al matí sabent que aquell dia només importava una cosa: competir.

2

L'adrenalina del dorsal

Gaudeixo competint, i competir és guanyar, la sensació de tallar la cinta. Fer l'últim gir de la cursa i veure-la al fons de la recta final. Girar el cap enrere per darrera vegada i comprovar que ningú no m'espatllarà aquest moment. Mirar endavant, tancar els ulls i accelerar, per sentir com el públic m'empeny cap a la victòria, oblidant el dolor, oblidant el cos, només tenint consciència del meu esperit, que vibra amb les emocions dels últims segons abans de notar com el meu ventre, encara moll de suor, empeny la cinta i la fa caure al terra. És la ràbia de tanta pressió viscuda durant anys, mesos i durant les darreres hores de cursa, que explota en aquests últims metres en veure que tots els sacrificis i el treball han valgut la pena. És sentiment, el de tota la gent que m'ha acompanyat durant la meva carrera, que han donat la seva llavor per construir aquesta victòria. És ànima, la que em va dir que ho podria aconseguir i que ara em diu que ho he aconseguit. És tot junt, durant uns pocs segons abans de tallar la cinta de la victòria, el que fa que el meu cos guanyi una força impressionant i sigui capaç de córrer més de pressa del que ho he fet mai, que sigui capaç de saltar més amunt, més lluny o d'aixecar el pes més pesat possible i, al mateix temps, el que fa que la ment se m'esmicoli com la més dèbil i que em faci riure, plorar, caure, besar sense control. És la pell de gallina i les llàgrimes de felicitat. És increïble. I per això valen la pena tots els sacrificis fets i encara més.

És el sabor de la victòria, que t'enganxa, t'atrapa i que, com una droga, t'obliga a voler-lo tornar a sentir, t'obliga a tornar a començar el procés perquè al cap d'uns mesos, o potser anys, tornis a sentir aquests segons de força descomunal i feblesa emocional, aquests segons de felicitat sense control.

He perdut el compte de les setmanes que porto fora de casa, dels països que he creuat i dels llits on he dormit. Ja fa deu anys que vaig començar a competir i han estat deu anys en els quals he buscat tornar a sentir aquestes emocions, aquestes sensacions que em porten fins a l'Olimp de la felicitat i em fan viure la vida a un ritme apte només per a cantants de rock. Com una droga dura, al començament era suficient sentir tot això dues o tres vegades l'any, però el cos mai no en tenia prou i cada vegada em demanava amb més anhel tornar a competir. I així fins avui, que només deixo de competir per buscar un nou racó on poder aconseguir la meva dosi de plaer. Carretera i manta. Setmana rere setmana, dia rere dia, busco nous objectius cada vegada més forts que puguin satisfer les necessitats del meu cos. Campionats i copes del món i d'Europa, d'Espanya, curses prestigioses hivern i estiu, i les setmanes en què no es presenta cap objectiu al calendari, com un addicte sense la seva substància, intento buscar en revistes, webs i calendaris alguna cursa no gaire lluny d'on em trobo per poder satisfer el neguit fins a trobar un altre objectiu important.

Estic assegut al costat del llit, despullat i preparat per anar a dormir. Dins de l'habitació, el desordre habitual de les concentracions o dels dies abans de la cursa ha desaparegut. Ara tot el material està ordenat; a la cadira de davant del llit hi ha ben plegada la samarreta blanca amb el dorsal ja enganxat. A sota, els pantalons negres. Just al seu costat dret, un parell de mitjons blancs i vermells, el paravent, el xip per a les vambes i el rellotge. Una mica més a la dreta, al costat de la cadira, tres gels per a la cursa, beguda isotònica per a l'escalfament i l'iPod amb la llista de cançons preparada especialment per abans de la competició, setze cançons seleccionades i ordenades especialment per acompanyar el meu escalfament, per ajudar-me a passar de la relaxació absoluta a l'activació i l'excitació més fortes. Al terra, les vambes, netes, impol·lutes. La jaqueta i els pantalons per protegir-me del fred demà al matí, mentre baixi a esmorzar, esperi la sortida i faci l'escalfament. Tota la resta de material, de roba, l'ordinador, el llibre que estic llegint..., tot està ben guardat i endreçat a la maleta perquè demà al matí no em distregui. Perquè el meu cervell no pugui pensar en res més que en la cursa. Com si l'entorn fos una prolongació del meu cos, i el seu ordre i el control fossin també imprescindibles per a l'ordre que necessito aquestes hores abans d'adormir-me. El material està preparat.

Faig un repàs ràpid a la cursa. M'imagino que estic fent el recorregut, el camí que trobaré a cada moment i el pas que portaré a cada instant. Intento imaginar-me com serà l'estat del meu cos en cada una d'aquestes parts. Situo l'indret exacte en què em prendré cadascun dels gels, en quin moment m'hidrataré i en quin moment hauré d'accelerar o deixar que siguin els altres els que portin el ritme de la cursa. Tot està sota control.

Després de les indicacions que la setmana passada em va donar el Marco de Gasperi sobre alguns dels favorits italians que corren demà, suposo que seran ells, amb algun etíop, els que sortiran a un ritme molt alt, els que em voldran atrapar, per treure avantatge a corredors més maratonians que en la segona part, més plana, em poden guanyar molt terreny. Corredors com Kuprizka, Ançay i De Matteis els he de controlar en terreny pla. Tot i que, si mai s'escapen, sempre em quedarà l'última baixada per atrapar-los... Recorregut, ok.

Em fico al llit i tanco el llum.

—Has vist l'última pel·lícula de...? —em diu el meu company d'habitació.

—Doncs, crec que no. Vaig llegir el llibre, però crec que la pel·lícula no l'he vista —responc.

I comencem una llarga conversa paral·lela: la que se sent, que parla de llibres, de noies, d'amics i d'anècdotes d'altres curses, i la que es desenvolupa dintre nostre: que parla de la lluita que ens espera l'endemà, de la cursa, però no del material, de la tàctica o dels rivals. Aquesta conversa parla de com afrontarem l'èxit i sobretot el fracàs si la cursa no surt bé. Com reaccionarà el nostre ego, el nostre humor, i com reaccionaran els altres, les persones que ens envolten.

Si ens hem passat el dia imaginant-nos les sensacions i les emocions que sentirem en tallar la cinta, i que ens donen força per voler-ho aconseguir, ara la conversa gira a l'entorn de l'angoixa que viurem si arribem derrotats, i la nostra ment busca desesperadament la lesió, la malaltia, el problema..., en fi, l'excusa per impedir-nos tornar a viure aquesta sensació angoixosa i fer-nos abandonar abans de la sortida.

I les dues converses se segueixen paral·lelament, s'apropen i s'allunyen, intenten no trencar la façana que deixaria al descobert dels nostres companys les pors que se'ns estan menjant.

Les converses s'acaben. Primer la interna, en descobrir que no hi ha cap motiu per abandonar abans de lluitar i assumint el fracàs que potser viurem l'endemà, i, quan aquesta conversa es tanca, l'altra es va apagant sola, ja que no té interès per construir el mur per amagar els nostres temors. I la son s'apodera del meu cos, mentre intento trobar la posició més adequada per descansar, la bona respiració, però encara que els ulls se'm tanquen amb força de plom, el cap no para de fer voltes, fins que finalment la son guanya la batalla.

El dia és tèrbol, els núvols cobreixen el cel però no són amenaçadors. Estic corrent per un sender que baixa lateralment per uns pendents de matolls. El terreny és sec, el camí és cobert de sorra i roques i, als costats, els arbustos secs cobreixen a mitja alçada els suaus lloms de les ondulacions del terreny. Miro al meu voltant. No es veu cap muntanya que sobresurti. L'aire és sec, àrid, i m'adono que no corre ni una gota d'aire. Tot és silenciós, d'aquells silencis que fan soroll, que molesten i que desitges trencar, però que, en cridar, se sent un so sec, llunyà, com si fos exterior a tu. A poc a poc, mentre baixo, les meves cames van agafant pes i se'm tornen rígides, cada vegada més, fins que em costa caminar. No ho entenc, estic baixant, hauria de poder córrer, hauria de poder moure'm més de pressa. Però el meu cos no reacciona a les ordres que envia el meu cervell. No fa ni calor ni fred i davant meu apareix un avituallament. Un noi i una noia que són darrere una taula ens ofereixen menjar i beure, però no arribo a veure ben bé què. Tampoc no els veig la cara. Estan drets, en silenci, mentre arriba un altre corredor, fresc i somrient.

—Aleix! —crido.

No és possible. L'Aleix? Ja fa anys que ha deixat la competició. Què hi fa aquí? No em contesta, agafa alguna cosa per menjar i continua corrent camí avall. Surto darrere seu, sense recordar-me del pes que sentia a les cames. Em poso a caminar, fins que el pes i la rigidesa m'ho impedeixen. Caic a terra i continuo arrossegant-me pel camí de sorra i pedra... M'aixeco del llit tot suat. L'habitació és fosca i els meus companys dormen amb una tranquil·litat absoluta. No se sent res. Aquest silenci, però, és càlid i viu, em reconforta i em dóna seguretat. Miro el rellotge. Tot just és mitjanit, no fa ni dues hores que dormim. Intento relaxar la respiració i pensar en altres coses mentre la son es torna a apoderar de mi i em deixa sense somnis fins que, sis hores més tard, em torno a aixecar del llit; aquesta vegada, però, avisat pel soroll sord del despertador. A poc a poc ens anem aixecant tots i encenem el llum. La son ha desaparegut de cop quan el nostre cervell ha intuït que avui el despertador sonava tres hores abans de la sortida de la cursa. No hi ha hagut temps per mandrejar, per enganxar-se als llençols. Ràpidament baixo a menjar un tros de pastís energètic i deu minuts després torno a estar estirat dins del llit, amb els ulls tancats i la respiració pausada, mentre els batecs del meu cor van cada vegada més a poc a poc. Començo a repassar, per enèsima vegada durant els últims dos dies, el recorregut de la cursa, els adversaris. Ara tot és correcte; res no em pot aturar.

Una hora abans de la sortida m'aixeco del llit amb força, em vesteixo curosament, acabo de col·locar el dorsal perquè quedi perfectament alineat, em poso els gels a la butxaca dels pantalons i enrotllo fort els cordons al voltant del *quick lace* perquè les vambes quedin ajustades a la perfecció al voltant del meu peu i cap imprevist no els pugui desfer. La música comença a sonar dins del meu cap. Sona forta. Són tambors, ritmes elèctrics i vibrants que van augmentant en volum i ritme a cada segon i, com si s'hi sincronitzessin, els batecs del meu cor es comencen a accelerar. El meu cervell em demana que salti, que cridi i que corri amb totes les meves forces. Respiro profundament un parell de vegades i connecto el meu iPod. Començo a córrer suau, lluny de la resta de corredors, al meu racó. La mirada està fixa allà lluny, al fons, davant meu, visualitzant aquella cinta. Un parell d'acceleracions per despertar els músculs i treure'm la tensió de la ment i ja estic a punt. Observo les cares dels corredors que escalfen al meu voltant. Veig cares serioses, cares rialleres, cares espantades i cares rígides. I també cames, cames depilades, cames musculades, cames blanques i cames morenes. Les cames fan por. Quines cames veuré durant la cursa? Perquè, amb l'esforç, serà difícil aixecar el cap per veure cares, però de cames sí que en veuré. Crec que seria capaç de reconèixer abans una persona per les cames que per la cara, tenint en compte les hores que he passat darrere d'alguns corredors. Ja estic situat a la línia de sortida, a la segona fila, ni al costat de la tanca ni al centre del pilot. A la meva posició. Hi ha algunes rialles i alguns comentaris, però la tensió es pot tallar amb un ganivet.

—*One minute to go!* —crida fort el locutor. Mentrestant, es comença a sentir la pressió del grup que empeny cap endavant i les empentes comencen a venir de tots costats per intentar col·locar-se millor. De tota manera, la cursa és llarga i posarà cadascú al seu lloc. Penso que ara no hi ha necessitat d'empènyer per guanyar uns centímetres. Tothom està alerta, amb una cama avançada i el cos tirat cap endavant; la mà al rellotge esperant pitjar el botó al mateix temps que soni la pistoleta.

El temps va a poc a poc, quasi està aturat. Els segons semblen hores i cada vegada costa més seguir el compte enrere, mentre els meus pensaments només giren a l'entorn del moment de la sortida.

—*Thirty seconds to go!*

El temps no s'accelera, sinó que sembla que s'aturi. És com si el món corregués al nostre voltant mentre, per a nosaltres, està aturat. La gent crida a l'altre costat de les tanques, però no sento res. El silenci és total, absorbit per la tensió que desprèn l'espera del tret de sortida. El meu pols cada vegada és més ràpid i més fort. Sóc capaç de sentir cadascun dels batecs del meu cor en qualsevol part del cos: al cap, a les mans, a les cames... Dintre meu, s'inicia un compte enrere. Vint, dinou, divuit, disset. Sento com les forces em fugen i em fan sentir inestable. Les cames estan rígides però tremoloses, no semblen capaces d'aguantar el meu pes. Si em quedo un segon més així estic convençut que cauré al terra. Deu, nou, vuit, set. No sé si el temps s'atura del tot o si tot s'accelera a una velocitat incontrolable. Ja no tan sols em tremolen les cames, ara tot el meu cos sembla pesat i maldestre, fins i tot em seria difícil moure els llavis per poder cridar. Si no ve ningú a aguantar-me cauré al terra. Tres, dos, un... De sobte, torna el soroll, estic immers en aquest món que gira amb velocitat, i em sento desorientat unes dècimes de segon abans que el meu cos respongui amb força llançant-me cap endavant. Ara és lleuger com una ploma i és capaç d'avançar a gran velocitat esquivant amb agilitat els corredors que tinc al davant fins a situar-me al capdavant de la cursa.

Ja estem en marxa i la cursa transcorre com havia imaginat. A la sortida he aprofitat per accelerar durant un parell de quilòmetres, per trencar el grup, perquè cap corredor desconegut no s'enganxi a un ritme suau i em sorprengui més endavant, i també per mostrar la meva fortalesa. Faig veure als altres corredors que estic pletòric i que la cursa d'avui serà una lluita dura. La primera dificultat és una pujada forta dins el bosc, entre arrels i terra fosca, que ens farà guanyar en pocs quilòmetres uns 1.500 m de desnivell. El grup es trenca de seguida i sis corredors ens situem al davant. No n'hi ha cap de desconegut, tots formem part dels favorits. Jo ja he competit contra dos d'aquests corredors i espero que no em donin sorpreses. El que ara encapçala el grup i que ens porta a tots darrere traient la llengua es diu Helmut i és un corredor alt, tirolès, amb un córrer molt particular, que destaca per la seva força en la pujada i que també ha fet bons resultats en curses llargues, però que en baixades curtes i tècniques perd terreny envers corredors més tècnics com jo. El Robert és un dels millors corredors txecs, amb una bona educació atlètica, un córrer majestuós, ben col·locat i amb grans gambades. És un corredor molt perillós en curses curtes i en terrenys plans. De fet, durant aquesta primera pujada, quan arriba una part més plana surt ell, a grans gambades, amb explosivitat per rellançar el grup; això sí, sempre paga a les curses més llargues. Amb els altres tres corredors que formen part d'aquesta capdavantera no hi he corregut mai, però gràcies a les explicacions que m'han donat altres corredors que sí que ho han fet diria que els conec a la perfecció. L'americà... és un corredor fortíssim en curses curtes, de deu quilòmetres, i amb un córrer en terrenys plans quasi imparable, i, de moment, a la pujada se'l veu amb molta facilitat. El Bruno és un jove corredor italià, dos anys més gran que jo, que prové del cros, però que sempre ha destacat en les curses per muntanya i ha assolit grans resultats en curses curtes i en quilòmetres verticals. No crec que tingui problemes a la pujada i, essent italià, segur que baixarà com una fletxa. L'últim corredor del grup és un corredor suís d'origen portuguès. El César és un corredor que sempre ha destacat en les curses suïsses i que els últims mesos està en una forma excel·lent. Ha fet temps boníssims i ha guanyat curses davant de corredors de renom com el Tarcis. És un corredor bo en tots els terrenys, que té preferència per les pujades amb no gaire pendent i les seccions planes.

Em trobo bé. El ritme de pujada és alt, però, malgrat tot, m'hi trobo confortable. El Helmut ha deixat pas al Robert i al César, que es van rellevant per trencar encara més el petit grup d'escapats, fet que comença a donar els seus fruits, ja que el corredor americà i el Helmut estan pagant els esforços dels primers quilòmetres de cursa.

Arribem a l'avituallament que hi ha al final de la pujada i sense poder respirar ni un segon agafo un got que aguanta un noi en equilibri. Intento beure del got corrent, però entre la velocitat, els sotracs i la meva respiració accelerada, només aconsegueixo beure un glop petit. La resta em cau per sobre la cara i la samarreta. En començar el pla, el ritme s'estabilitza i ens quedem un quartet al capdavant: el Robert, el Bruno, el César i jo. Ja portem una mica més d'una hora de cursa i em prenc un gel per aportar l'energia necessària per aguantar aquest ritme tan fort. Vaig notant com em va baixant per la gola i com m'entra al cos per començar a repartir-hi el sucre. Però, aleshores, se'm fa un nus a l'estómac, començo a tenir ganes de vomitar, les forces se'n van i sento nàusees.

Sóc al·lèrgic a les picades de vespa. Ho vaig descobrir fa un parell de setmanes quan estava pujant amb bicicleta el Passo Stelvio, als Dolomites italians, i me'n va picar una. No recordava que mai m'hagués afectat una picada de vespa. Però, aquell dia, dues hores més tard era a l'hospital. I ahir, per segona vegada, tornant de dinar amb l'organització i la resta de corredors i corredores, una vespa em va picar al dit gros de la mà. Per a una persona que no és al·lèrgica, és molest, però al cap d'unes hores el dolor ja ha passat i la persona s'ha oblidat de la picada. Per a mi, per contra, això significa sentir nàusees, mal de cap, un dolor intens a l'indret de la picada i una descomposició estomacal durant tot un dia. Si la picada hagués estat en una altra part del cos, com al cap o prop d'una artèria, m'haurien sortit grans per tot el cos i se m'hauria inflat la llengua, amb les dificultats respiratòries conseqüents i la visió borrosa. Al cap i a la fi, ahir vaig tenir sort. Vaig entrar a l'habitació i, amb força, em vaig embolicar el dit amb esparadrap, perquè el verí no s'escampés per tot el cos.

No ho he volgut dir a ningú, ni tan sols hi he pensat fins ara, per no desmotivar-me i perquè això no em desconcentrés de la cursa que havia de fer. He de pensar que una cursa és un espai tancat, una bombolla. En aquesta bombolla només hi ha la cursa, els altres corredors i jo. S'ha de deixar fora tot el que no sigui això. Les excuses, la manca d'entrenament, els problemes de la feina o de parella s'han de deixar a fora. Una cursa és una vida, amb un naixement en llevar-se al matí i una mort en creuar la línia d'arribada.

I, evidentment, no podia dir-ho als altres corredors, ja que això hauria pogut ser una arma a la qual els meus rivals s'haurien pogut agafar per fer-me patir des del principi, per sortir forts i fer-me explotar des d'un bon començament, o atacar en moments de feblesa. No, jo he de mostrar-los que controlo la situació a la perfecció, que en cap moment no pateixo i que el ritme que portem és sempre còmode per a mi. He de demostrar als altres que la cursa és al meu gust, que sóc jo el que la domino i que seré jo qui decidirà qui es pot escapar i qui no. Qui decidirà el moment d'atacar. He de fer-los creure que lluiten per la segona posició. El Robert apreta i, amb ell, també ho fa el meu estómac. Apreto encara més les dents, agafo aire, faig unes passes més ràpides i em sento lleuger. Em col·loco al seu costat i el miro amb un somriure.

—Mira que bonics són els cims que hi ha davant nostre! És impressionant aquest paisatge! —dic amb força, d'una sola tirada i sense agafar aire.

Sense esperar la seva reacció, torno a posar-me darrere seu, i respiro fort per recuperar l'aire.

A poc a poc vaig recuperant les forces i cada vegada haig de dissimular menys el meu estat. Ja hem deixat la pista ampla i hem començat a córrer per un camí que fa petites pujades i baixades i va rodejant els obstacles que li posa la natura. És un terreny que em diverteix, que em permet de córrer amb naturalitat i jugar amb els seus capritxos. Amb les forces totalment recuperades decideixo provar els altres corredors i, si és possible, eliminar un o dos rivals per a la part final. Pujo sobre un voral del camí i avanço fins a situar-me en primera posició. Rellançant amb força a cada baixada, esquivant els arbres amb el meu cos i corrent amb lleugeresa a les pujades, de seguida veig que no em segueix ningú. El Bruno és uns pocs metres darrere meu i el César i el Robert s'han quedat enrere. Com que em trobo còmode en aquest terreny, aprofito per seguir a un bon ritme i recuperar forces per a l'última part.

Al cap d'una estona veig que per darrere s'acosten tres corredors a gran velocitat. El primer en atrapar-me és el César, que es queda darrere meu alhora que jo accelero el pas per dificultar l'arribada als altres dos corredors. Ja són els últims metres de pujada. Els últims deu quilòmetres són un fals pla en baixada fins als darrers tres quilòmetres abans de la meta, on ens espera una forta però curta baixada. Em costa mantenir aquest ritme. La pujada s'està fent dura i sento com la respiració del César se'm menja el clatell. Decideixo fer un últim esforç fins a l'avituallament, i a partir d'allà ja decidiré com continuar. Accelero pujant les pedres amb força, esgarrapant el terra a cada pas, però l'alè del meu perseguidor no sembla allunyar-se, no vull girar-me. No vull girar-me per demostrar-li que estic patint, que estic preocupat per on és, per si està fresc o pateix.

Arribem a l'avituallament de l'Hotel Weishorn i faig uns passos caminant per agafar un got d'aigua i poder beure-me-la sense que em caigui tota a terra. Tinc la gola seca i l'aigua fresca s'evapora com si la meva boca fos una esponja. Agafo un altre got i em poso a córrer. En aixecar el cap veig que el César és a un centenar de metres davant meu. No s'ha aturat al control i, darrere meu, ja hi ha el Tarcis, que, com cada any, ha realitzat una secció plana espectacular, i, amb ell, el Robert.

Em centro en el César. Ell és qui ara domina la cursa, a qui hem d'atrapar, però sembla que els nostres cossos no es vulguin acostar. El Tarcis i el Robert són darrere meu, esperant que sigui jo qui els porti fins al capdavant. A poc a poc torno a situar-me a la cursa. És el moment en què haig de decidir si faig el que em demana el meu cos, baixar només una miqueta el ritme, el just per treure'm el gust de sang de la boca i perquè el meu cor pugui sortir de la sensació que l'infart pot arribar en qualsevol moment. Total, el quart lloc sembla assegurat, i potser cau fins i tot un podi. Després de la temporada que he fet, ja n'estaré orgullós. Però la meva consciència em demana d'ometre aquests senyals i, lluny d'això, de desafiar-los, fent que el meu cor encara bategui més fort i les meves cames suportin més àcid làctic. Dins del meu cap s'inicia una retransmissió de ràdio. El locutor està retransmetent la cursa, però no la que succeeix en aquests moments, sinó la que vindrà a continuació:

«El César està fent un final de cursa brillant. Els seus perseguidors comencen a defallir i sembla que res no el pugui apartar d'aquesta victòria. Atenció, el Kilian ataca! I amb quina força! Ja està a punt d'atrapar el César. És impressionant el ritme que acaba de donar al seu cos. Si segueix així fins al final traurà un avantatge increïble! Ja s'ha situat en primera posició i el ritme és impressionant... Última corba cap a la dreta i ja està entrant a la recta final. Mira endarrere, però no hi ha ningú. Quina joia! Impressionant la victòria que està a punt d'aconseguir. Saluda el públic. Als seus ulls s'hi veuen llàgrimes d'alegria...»

I mentre aquesta retransmissió es va arraconant en el meu cervell, n'hi ha una altra que va agafant importància: Què sentiré en creuar la línia d'arribada en primera posició? La meva ment em transporta al futur. En aquest precís instant sento el públic com crida, sento el meu nom als megàfons, però res no m'importa. És l'alegria absoluta, la d'haver-ho aconseguit, la d'haver estat capaç de fer-ho. És la felicitat absoluta, la felicitat compartida amb tots els que m'han ajudat, i la meva ment es perd volant a una velocitat inimaginable a través dels núvols mentre el meu cos em respon amb llàgrimes.

De sobte sento un calfred. Aquestes emocions eren reals. Noto que tinc els ulls molls. Ha estat tan forta aquesta sensació, aquesta emoció, que vull provar de tornar-la a sentir. Ho necessito. He d'atrapar el César! M'imagino que li penja una llarga corda i m'hi agafo, i, ajudant-me amb les mans, a cada pas estiro amb força per acostar-m'hi, i, a poc a poc, pas rere pas, el vaig atrapant, fins que les meves vambes es col·loquen allà on ell, tot just, ha tret les seves.

Mentre corro darrere el César, intento prendre consciència de la posició del meu cos. Intento col·locar-lo al més dret possible per agafar el màxim d'aire i fer grans gambades per impulsar-me més lluny. Recordo les paraules del Jordi, el meu entrenador. Córrer és un art, com pintar un quadre o compondre una peça de música. I per crear una obra d'art s'han de tenir clars quatre conceptes bàsics: tècnica, treball, do i inspiració. I tot això s'ha de conjugar envoltat d'un equilibri vital. S'ha de dominar a la perfecció la tècnica, evitar tots els moviments paràsits, que no serveixen per impulsar-nos i portar-nos més lluny, i que només gasten energia. S'ha de tenir cura dels moviments, cuidar-los i protegir-los. Cada corredor té una forma natural de córrer i l'ha de seguir, l'ha de perfeccionar. Hi ha corredors de grans gambades i corredors de passos petits. Corredors que corren amb el cap ben aixecat i corredors que ho fan encongits. Hi ha corredors conservadors i corredors que ataquen des del primer instant. No s'ha d'imposar una forma de córrer. La forma perfecta no existeix per a tothom, però tothom té la seva forma perfecta de córrer. La meva la vam trobar: és córrer d'acord amb la natura, intentant transmetre amb el meu pas el que em transmet la natura a mi. Sense deixar rastre en el terreny per on corro, intentant ser al més silenciós possible. Córrer com si estigués flotant sobre el camí, que el terra quasi no noti la punta dels meus peus que frega les seves pedres. Córrer adaptant-me al terreny, amb petits passos corrent o amb grans passos caminant a les pujades o intentant que les baixades semblin una dansa fluida entre el meu cos i el terreny, però sempre sense forçar res, fent que els passos siguin naturals i fluids, com una continuació del terreny. Des del dia que el vaig conèixer, el Jordi sempre m'havia dit que tenia un do per a aquest esport, que tenia la genètica perfecta. Però jo, que sempre he tingut un caràcter molt reservat, no m'ho he acabat de creure mai. Ara recordo la primera prova d'esquí que vaig guanyar en categoria sènior. Era el meu últim any de júnior i, com a premi pels bons resultats, la federació em va portar a la Copa d'Europa absoluta. Jo des de la sortida tenia els ulls brillants, ja que havia observat que al meu costat hi havia els meus ídols. El Florent, el Manfred, el Dennis... eren a la mateixa línia de sortida que jo. La cursa va sortir molt ràpida i jo em vaig quedar de seguida en terra de ningú, entre el trio de favorits que anava entre quaranta i cinquanta segons davant meu i el grup perseguidor que se situava a un minut darrere meu. Tot d'una, a l'última pujada, em vaig trobar enmig del trio capdavanter. «Què ha passat? Per què han parat?», pensava. «Per què m'esperen?». No arribava a entendre que els havia atrapat. Em vaig quedar uns minuts del tot desconcertat. Com era possible que jo estigués allà entre ells? El meu cos estava bloquejat. No podia deixar de pensar que estava corrent al costat dels meus ídols, dels personatges reals d'aquelles fotos que omplien les meves carpetes. Quan el meu cap va començar a treballar com tocava i es va tornar a posar en situació de competició, no ho vaig dubtar ni un moment: els vaig avançar i amb totes les meves forces vaig atacar. Encara em vaig fer més preguntes: «Per què no vénen? Per què es queden enrere?». No entenia res, però vaig seguir endavant fins a la meta, on vaig arribar i em vaig abraçar al seleccionador plorant i fent salts d'alegria, sense creure'm que havia guanyat davant del millor corredor suís, el Florent, amb el qual anys després vam formar parella en diverses curses i vam forjar una gran amistat.

Però, com deia Picasso, la inspiració existeix però necessita trobar-te treballant. El Jordi i la Maite, la meva primera preparadora física, sempre em deien que el do i la genètica no serveixen de res sense el treball. El treball que ens ha d'acompanyar durant tota la vida d'esportistes. Des que ens llevem fins que ens n'anem a dormir. Sense vacances ni dies de descans. És un treball d'artesanat en què l'artista i l'obra són el mateix. És un treball de matí i tarda, de dies de plaer i de bon temps, d'excursions per descobrir noves valls, de compartir entrenaments amb els amics. Però també són molts dies de mal temps, de sortir a córrer sota una forta pluja, amb fred o amb fang, quan el teu cos està cansat i només vol quedar-se al llit. Quan et lleves i tens ganes de quedar-te a l'escalfor de casa mirant una pel·lícula, bevent un te, has de sortir a batallar amb el vent i l'aigua. Són també molts dies de solitud, de repeticions, amb l'única companyia de la música de l'iPod i alguns isards que et miren córrer amunt i avall des del seu cau.

Fa estona que anem tots quatre en fila índia sense que ningú no gosi atacar. És el Tarcis el qui ha pres la iniciativa i porta el grup a un ritme molt alt. Jo estic situat just darrere seu, per poder reaccionar al més ràpidament possible si algú fa algun moviment. Dintre meu vaig pensant el moment d'atacar. Tinc dues cartes per jugar: la primera és atacar en un flanc amb grans blocs de pedra, on, aprofitant la meva tècnica, podria escapar-me a uns cinc quilòmetres de l'arribada, cosa que em permetria una mica de joc, i la segona, si no pogués atacar aquí, seria jugar-m'ho tot a l'última baixada, a tres quilòmetres de l'arribada. Mentre vaig pensant en quina serà la millor estratègia, el Tarcis comença a accelerar i fa que cada vegada ens costi més seguir el ritme i que al darrere comencem a agafar alguns metres. El ritme és més alt i sembla que vulgui fer l'atac definitiu. El Robert i el César s'estan quedant enrere. Potser ara és el moment d'atacar... Miro enrere. Sembla que es donin per vençuts. Estic a punt de canviar el ritme per avançar el Tarcis, quan cau a terra davant meu. S'estava arriscant massa en aquesta baixada tècnica i les seves cames no han arribat a seguir la seva ment. Freno bruscament i abaixo el cap per donar-li la mà.

—Estàs bé? T'has fet mal? —li demano.

—Merda! Estic bé, estic bé —contesta el Tarcis mentre s'aixeca del terra.

Mentre el Tarcis s'aixeca, sento com arriben els passos accelerats dels nostres perseguidors. La primera estratègia se n'ha anat en orris. Hauré d'esperar un altre moment per atacar. Mentrestant seguim corrent tots quatre junts. Ja queden poques opcions. En poc més de dotze minuts serem a la meta i, tot i que sóc un corredor a qui li agrada controlar les curses des de davant i esperar el bon moment per atacar, prefereixo, si puc, atacar lluny de la meta, per tenir més d'una opció si s'ha de tornar a atacar. Aquí me l'hauré de jugar a una sola carta, i aquesta haurà de ser la bona.

Sento la pressió del Robert darrere meu. Sento les seves ganes d'avançar-me. Té força per fer-ho i jo no en tinc per rellançar-me de nou. He d'esperar el senyal, que la intuïció em digui que és el moment i que les forces em vinguin de cop.

El Robert accelera. No el veig ni escolto els seus passos, però ho sé. Apreto les dents per acabar de pujar un parell de metres i comença la baixada. Ataco, llanço les cames amb velocitat. Les deixo mortes perquè puguin seguir el ritme de la meva mirada i només un sol instant observo de cua d'ull al meu darrere. Veig com el Robert gira el cap per mirar on són els seus perseguidors, i, en la seva mirada, hi aprecio un gest ínfim i minúscul, però que ara cobra molta importància. Els seus ulls ja no tenen foc i sang, ara són petits i sense un fons clar; ja no hi ha marcada la cinta que volen tallar. Em mostra que està vençut, i jo accelero.

No sé mai quan és el moment d'atacar. És durant aquesta dècima de segon que es decidirà el futur de la cursa, la victòria o el fracàs. És un moment que no es pot planificar, ha de ser la palpitació de la intuïció la que t'ha de guiar. Una reacció molt estudiada mai no arriba a bon port. Si ho planifiquem massa d'hora, segurament pagarem el sobreesforç, i si ho fem massa tard, ja no hi haurà res a fer. S'ha de saber fer bon ús de la sorpresa. Trobar el moment clau. I aquest, el moment de trencar el ritme per anar a buscar la cinta, sempre serà aquell en el qual l'equilibri entre la confiança en un mateix, aquella que ens diu que serem capaços d'aconseguir-ho, i la seva absència, es trenqui. Es necessita sentir la por de pensar que no seràs capaç d'aconseguir-ho per poder-la trencar i llançar-te a provar quina de les dues tenia raó. I el moment de fer-ho s'ha de deixar que te'l mostri la intuïció, que sigui l'instint qui ens llenci cap endavant, qui ens digui: o ara o mai. Jo sóc un atleta racional, m'encanta analitzar les curses, planificar-les abans, imaginant-me com es desenvoluparan, somiar-les i representar-me-les als entrenaments, retransmetre-les per boca de locutors de ràdio imaginaris dins del meu cap. Fer plans per escriure el guió de la pel·lícula. Crec que quasi tinc més satisfacció en escriure dins el meu cap aquesta successió de decisions que en el moment de realitzar-les, ja que mai no es compleix el guió que ens hem marcat, sempre surten imprevistos, i aquí està la genialitat de la competició, el que la fa màgica i la converteix en art. Ser capaç de seguir el bon impuls, de saber que aquella força que t'ha llançat cap endavant era la bona i no abandonar-la.

En aquests moments no existeix la vida fora de la cursa. La cursa és la vida, i aquesta s'acaba en creuar la línia d'arribada. El després no existeix, només penses a arribar al més ràpidament possible; no penses en les conseqüències que et poden representar els esforços, els cops o les ferides més endavant, perquè no hi ha res després de parar el crono. Perquè s'acaba la vida que hem creat per anar a buscar-ne una altra per crear. Les meves cames no donen l'abast, la meva respiració es talla a cada pas intentant blocar cada impacte. No penso en res, la meva ment està en blanc. Només segueixo l'estela de les emocions que vull tornar a sentir. I com més em vénen a la ment, més acceleren les meves cames, més fort batega el meu cor. Amb un aparent descontrol es precipiten entre blocs i arrels, però a cada pas saben exactament on s'han de col·locar, cap a on han d'enviar les seves forces. No hi ha peus, ni cames, ni genolls per reservar, no hi ha forces per guardar. El meu cos està al seu límit de velocitat i la meva ment al seu límit de concentració per no caure al terra a cada pas.

Arribo a l'asfalt, 100 metres, una corba a la dreta i miro endarrere. No hi ha ningú. I ho torno a sentir.

Però què és guanyar? Quina és la veritable victòria? Que és el que fa que quan creui la línia d'arribada els meus pèls es posin de punta, que senti que els meus peus floten i no pugui evitar de tenir ganes de plorar, de cridar amb totes les meves forces, d'arrencar a córrer i tirar-me al terra al mateix temps? Què és el que em fa sentir dins d'aquesta bombolla? La veritable victòria no està en el fet de tallar la cinta en creuar la meta, no està en el fet de veure's el primer de la llista en la classificació o en pujar el graó més alt del podi. Res d'això no pot fer que les cames et tremolin de por i emoció. O, en tot cas, ho pot fer en recordar el que has viscut abans. La victòria, la real, és aquella que està en el més profund de cadascú de nosaltres. És aquella que no ens acabem de creure que pugui arribar a pesar de la preparació i la voluntat que hi hem posat i que finalment arriba. És com si, encara que conscientment i amb la mà a la calculadora, després de moltes hores de preparació, després de molts dies d'entrenament, de conscienciar-se que som capaços de guanyar, o simplement d'acabar la cursa, hi hagués una cosa al nostre inconscient que ens digués constantment que és impossible, que és massa bo, massa gran, massa increïble per ser realitat. Que el que volem aconseguir només és un somni. I quan creues la meta, quan mires enrere i veus que és real, que ets de carn i ossos, i que allò que semblava possible només en somnis s'ha convertit en realitat, t'adones que aquesta és la veritable victòria.

Guanyar no vol dir acabar en primera posició. No vol dir batre els altres. Guanyar és vèncer-se a un mateix. Vèncer el nostre cos, els nostres límits i les nostres pors. Guanyar vol dir superar-se un mateix i fer realitat els somnis. Hi ha moltes curses que he acabat en primera posició però en les quals no m'he sentit un guanyador. En creuar la meta no he plorat, no he saltat d'alegria i les meves emocions no han estat una tempesta sense rumb. Simplement, havia de guanyar la cursa, acabar davant dels altres i, abans i durant la cursa, sabia, estava segur, que arribaria el primer. Sabia que no era un somni, i en cap moment la meva ment no va arribar a plantejar-se què seria el no vèncer. Era fàcil, com un cuiner que al matí obre el seu restaurant i sap exactament com li quedarà el bistec. No hi ha cap repte, no hi ha cap somni que es desperti al darrere. I això, almenys per a mi, no és guanyar. Al contrari, he vist grans guanyadors, persones que s'han vençut a elles mateixes i que han creuat la línia de l'arribada plorant, sense forces, però no per l'esgotament físic, que també, sinó sobretot per haver aconseguit acabar allò que ells sabien que en el fons només era fruit dels seus somnis. He vist gent seure al terra en creuar la meta de l'UTMB i quedar-se asseguts durant hores amb la mirada perduda, amb el més gran somriure dintre seu, encara sense creure's que el que acaben de fer no forma part d'una trampa de la ment. Sabent que en despertar-se podrien dir-se que sí, que ho van aconseguir, que van vèncer tots els temors i que van baixar dels somnis per fer-los realitat. He vist persones que, tot i arribar quan els primers ja han tingut temps de dutxar-se, de dinar i potser fins i tot de fer una bona migdiada, se senten vencedors, i no canviarien el que senten per res del que els poguessis oferir. I els envejo, perquè, en el fons, no correm per això? Per saber que nosaltres som capaços de vèncer les nostres pors, i que la cinta que tallem en creuar la meta no l'aguanten hostesses, sinó que està situada allà on els nostres somnis volen? La victòria no és ser capaços de posar el nostre cos i la nostra ment al límit per descobrir que aquests límits ens han portat a descobrir-ne de nous? I empènyer, a poc a poc, els nostres somnis?

3

No tan sols competició

Comença a caure la nit sobre les meves espatlles, el sol s'amaga darrere les afilades agulles i les parets rocoses banyades de neu, i m'ofereix les darreres espurnes de llum, mentre el cel es tenyeix de roig d'acord amb els arbres de tardor que hi ha darrere meu. A poc a poc, seguint el ritme dels meus passos, comença a desaparèixer la claror a l'oest, mentre el mantell d'obscuritat cobreix ràpidament el cel i amaga els taronges i els verds del bosc, que pren uns colors crus molt més apagats i foscos. El camí es comença a esborrar sota els meus peus i es fa difícil no entrebancar-se amb les pedres que apareixen al meu pas. Amb la llum també ha desaparegut la calor i les temperatures baixen i se'm comencen a gelar les galtes i el nas en contacle amb l'aire gèlid. Les ninetes dels ulls se m'han obert al màxim intentant anticipar el que les plantes dels peus senten. Als primers minuts en la foscor, els passos són maldestres i caic unes quantes vegades al terra en veure'm sorprès per una arrel que travessava el camí. Però amb el temps els ulls se'm van acostumant a la foscor i la vista deixa pas als sentits del tacte i l'oïda i m'hi veig com si fos de dia. No recordo quantes nits seguides he passat corrent, quantes nits els meus ulls no han trobat repòs per tal de prosseguir el camí. Avui, per primera vegada, estic cansat; per primera vegada des de fa molts dies, sento els ulls pesats i com la meva ment s'envola en un món de foscor i pesantor. Recordo aquesta sensació. La recordo de fa temps, quan corria pels senders del Tahoe Rim Trail.

No cal competir per poder sentir les emocions de l'arribada, les sensacions de tallar la cinta. També es pot sentir només la felicitat sense control, eliminant la ràbia, els artificis que et dóna el públic, l'haver batut els altres corredors, els flaixos dels fotògrafs o de les televisions. És la felicitat per a tu mateix, per sentir la força que et remou haver-ho aconseguit, la més intrínseca, sense ràbia; és una felicitat dolça que et transporta a un món de calma total, on el temps i l'espai s'aturen i sents com el teu cos i la teva ànima reposen sobre els núvols.

Començo a sentir passos ràpids que corren amunt i avall per la gran balconada de fusta negra que uneix totes les habitacions del típic hotel americà on ens trobem. Faig mitja volta dins el llit i estiro la mà cap a la tauleta per agafar el rellotge. Són les 4.25 del matí. Encara falten cinc minuts perquè soni l'alarma i, tot i que no tinc gens de son i els meus sentits comencen a activar-se, em giro i em torno a enrotllar les mantes i tanco els ulls. A fora, els passos són cada vegada més ràpids i els xiuxiuejos cada vegada més forts. Poso el cap sota les mantes i premo el cos amb força contra el matalàs. Noto com l'escalfor em recorre, des dels dits dels peus fins a les galtes sento com si estigués al costat d'una llar de foc que impedeix que el fred de fora cali la meva pell. Sento com els braços, les cames i el tronc es van movent a poc a poc fins a trobar la posició perfecta, aquella en la qual podria passar hores. Els meus músculs estan totalment relaxats i no han de fer cap força per mantenir aquesta posició. El meu cap està en pau i envoltat d'aquest silenci que només es trenca pels cops de peu que se senten de tant en tant darrere la finestra. Em passaria hores, dies, així, sense moure un sol dit, amb aquesta comoditat que em posseeix el cos i la ment; sense haver de pensar en res, ni tan sols haver d'enviar ordres al cos, que, ara, no existeix, no el necessito, no em molesta ni m'incomoda, no em provoca ni fred ni calor, no em produeix dolors ni esforços. Ara la meva ment està sola, sense cap nexe que la uneixi a la terra, ara puc gaudir dels meus pensaments i deixar que siguin els somnis els que em donin un cos per poder viatjar. Per arribar a separar el cos de la ment i poder volar lliures, no és més eficaç un bon llit que els 270 quilòmetres que m'esperen?

Els meus pensaments es deixen seduir per aquestes idees mentre l'escalfor i la tranquil·litat que dóna el confort d'un llit contrasta amb l'excitació que s'aixeca a l'altre costat de les parets de l'habitació.

I si la recerca que he emprès per trobar-me amb mi mateix i per trobar la felicitat, ja l'he resolta? Abans de córrer el Tahoe Rim Trail, he hagut de viatjar a l'interior de les muntanyes de Sierra Nevada, a Califòrnia, per adonar-me que la solució estava en un bon llit.

Em poso a riure. He estat a punt de deixar-me convèncer per l'engany dels meus pensaments: això no és felicitat, només és comoditat! Salto del llit, obro el llum i poso la música de la ràdio. Trec un suc de pinya de la nevera i escalfo un tros de pastís energètic. Mentre s'escafa, em trec el pijama per posar-me la roba que segurament m'acompanyarà durant els pròxims dos dies i dues nits. Mitjons, vambes, malles, samarreta tèrmica, folre polar, gorro, rellotge. Miro l'hora: tres quarts de cinc; em queden cinc minuts abans d'anar cap a l'inici del camí. Tot i que no és cap cursa organitzada, i al cap i a la fi l'hora d'inici de la ruta la decideixo jo, hem quedat a les cinc per començar, i d'aquesta manera tot l'equip d'assistència pot preveure els horaris en els quals passaré per cada punt de la ruta, tot i que molt aproximadament, ja que en una ruta que durarà una bona quarantena d'hores és impossible preveure l'hora exacta en què passaré i per on passaré. Em menjo ràpidament el tros de pastís energètic, agafo el portabidons amb el GPS i algunes barretes i gels que m'enduré per a les primeres hores, i tanco el llum de l'habitació. Abans de sortir per la porta agafo un altre tros de pastís energètic, em farà falta.

Em dirigeixo cap a l'inici de la ruta menjant les últimes engrunes. La nit encara és fosca. Falten cinc minuts per a les cinc quan em trobo sobre el pont del riu Truckee, a Tahoe City. El Tahoe Rim Trail és un recorregut circular al voltant del Llac Tahoe, però no per la costa, sinó que recorre les muntanyes que l'envolten, amb uns desnivells considerables. He estat mirant aquests desnivells, per passar la part més dura durant el primer dia, que el Tim Titwayer, que posseeix el rècord en quaranta-set hores, ha decidit sortir des d'aquest punt de la ruta. I a mi m'ha semblat també un bon indret. El que mai no sé és per què cal sortir a les cinc de la matinada. Si es tractés d'una cursa que durés unes quinze o setze hores, seria molt evident, ja que d'aquesta manera aprofitaríem totes les hores de llum per córrer el mínim temps de nit. Si fos una travessia d'una vintena d'hores, tindria més sentit sortir a la tarda o a la nit, per passar la foscor de la nit durant les primeres hores, quan el cos està més fresc, i després córrer la major part del trajecte amb l'escalfor del sol i arribar encara amb l'última llum del dia. Si es tractés d'un recorregut d'una trentena d'hores, tindria sentit sortir amb la primera llum, ja que d'aquesta manera només passaria una nit corrent i dos dies. Però, avui, a les cinc del matí, encara en la foscor i amb una temperatura força freda, no entenc per què hem de sortir tan d'hora si hauré de passar dos dies i dues nits a fora. I ja pots combinar-ho com vulguis: dia-nit-dia-nit, nit-dia-nit-dia, fins i tot hauria pogut sortir a migdia, després de dinar, que igualment hauria de passar dues nits i dos dies corrent.

Entre els crits d'excitació dels entrenadors i de l'equip que em farà l'assistència, començo, a les cinc en punt, a fer els primers passos cap al nord. Som una desena de persones que, cadascú en el seu paper, prendrem part en aquesta aventura. Com si, en el fons, es tractés d'una expedició, per molt individual que sigui un esport, per moltes hores que estigui corrent sense veure ningú i per molt que siguin les meves cames les que hagin de fer cada pas, la muntanya, l'esport i la vida sempre són un treball d'equip, en què cadascú posa el seu gra de sorra perquè l'aventura tingui èxit. Jo hi he posat les cames i les ganes de lluitar amb totes les meves forces. La Sònia hi ha posat els seus coneixements i les seves habilitats per curar-me qualsevol ferida, lesió... i, sobretot, donar-me suport moral en els moments més durs. L'Olivier i el Benjamin són els guies que han estudiat el recorregut, que el coneixen com el menjador de casa seva i que estaran en diferents punts per donar-me menjar i beure. El Gino i el Jean Yves són els responsables de la marca que em patrocina i que han vingut per donar un cop de mà en el que faci falta: a la cuina, a la muntanya, transportant els entrenadors... Els entrenadors són l'Adam, el Josh, el Ross, el Shean, el Kevin, el Jean-mi i el Bryon, i s'aniran rellevant per acompanyar-me durant tot el recorregut. L'equip de filmació està compost per la Marlène, el Raf, l'OJ, el Mimo i el Lolo. Finalment, la Lotta s'encarrega d'organitzar-ho tot plegat, encara que en realitat tothom fa de tot: tots preparen menjar, tots intenten avituallar, tots s'animen mútuament, em preparen la roba i em donen suport. I ningú no dorm.

Comencem corrent el Bryon i jo. Em trobo fresc, lleuger. Sento com els meus peus, lleugers, troben amb facilitat el camí més ràpid i m'impulsen amb força per endinsar-me en els boscos californians. Sento que el Bryon comença a bufar darrere meu i això em motiva, mentre comencen a aparèixer les primeres llums a través dels arbres. Davant nostre apareix un espectacle de la natura.

El sol de l'altiplà californià penetra amb força entre els alts pins del nord del llac. La llum té força per si sola, es intensa, sòlida, amb cos propi. No és tan sols un espectador que il·lumina la natura, sinó que en aquest cas es converteix en un element viu, com les muntanyes, el llac o el cel mateix. L'espectacle de colors que ens ofereix el binomi aigua-llum deixa en un segon pla l'arquitectura barroca que dibuixen els boscos de vells pins entre els petits llacs i les ondulacions del terreny. Les seves formes sinuoses semblen les dissenyades pels millors arquitectes modernistes, els seus nusos impossibles semblen gàrgoles de catedrals renaixentistes, i les seves escorces, gruixudes i estriades, donen als arbres la solidesa d'un monestir romànic. Els líquens d'un verd fosforescent donen llum als espais que no estan banyats pels raigs del sol que pinten l'escorça dels arbres i la sorra del terra de color vermell.

Entre aquest ball de colors nosaltres semblem ballarins que avancem posseïts per la seva força i juguem amb el camí ample que, planejant entre les petites ondulacions, es presenta perfecte per divertir-se rellançant el ritme a cada viratge, a cada petita baixada, a cada raig de sol que es creua davant nostre. Qualsevol excusa és bona per poder accelerar la freqüència de les meves cames i sentir com els músculs es tensen en el moment d'impulsar i es relaxen totalment mentre les cames estan suspeses en l'aire. El meu rellotge marca una velocitat de setze quilòmetres per hora. Realment em sento bé i sembla que als meus peus no els agradi estar en contacte amb el terra. Avancem a gran velocitat entre els arbres, volant amb pas silenciós, però amb l'alè fresc per poder vigilar tot el que passa al nostre voltant.

Em sento com si fos el membre d'una tribu *sioux* que, silenciós, persegueix un ant que s'allunya i s'amaga entre els immensos arbres. He d'avançar veloç, seguint les elegants gambades del majestuós animal, però també he d'avançar silenciós, quasi sense tocar el terra, per no trencar cap branca amb els peus i que l'alerti de la meva posició. Mantenint la mirada entre les branques dels enormes pins coberts de líquens, sento la força dels indis que havien corregut per aquests pendents fa uns quants segles. Puc sentir la seva olor entre la molsa, puc veure la seva ombra corrent al meu costat entre les roques que anem creuant i i veure la seva cara reflectida en els rius on m'aturo a beure la mateixa aigua que van beure ells. Puc sentir les seves paraules en el vent que ens acarona la cara quan sortim del bosc. I puc transformar-me en un membre més de la seva tribu en córrer pels mateixos camins que ho van fer ells, il·luminat per la mateixa llum que els va veure néixer i desaparèixer.

Avui només en queda el més fort, el que els homes no van ser capaços de destruir. Només queden les roques, els rius, la sorra i els arbres. Els ants, els bisons, els llops i els óssos han anat desapareixent fins que només n'han quedat alguns exemplars que busquen perduts entre els arbres les seves manades. S'ha de reconèixer que l'esforç per preservar aquests espais ha estat enorme, i, a diferència d'altres indrets del planeta on la destrucció ha estat indiscriminada, aquests parcs conserven una natura centenària quasi igual de salvatge que com la van veure els darrers *sioux*. Fora dels pocs senders que travessen el Parc Nacional, els animals viuen en tranquil·litat, lluny dels perills de l'home modern, i la natura pot respirar i reproduir-se sense l'asfíxia dels núvols de fum que surten de les grans ciutats. Centenars d'hectàrees que segueixen el curs que els imposa el pas dels anys i només senten les agressions de la neu a l'hivern, la pluja a la primavera i la calor a l'estiu. Però un centenar de quilòmetres a l'oest, els arbres han desaparegut i els animals moren en intentar creuar els laberints d'asfalt per on circula un món aliè a les forces de la natura, on la roca ha deixat de ser la més dura, on l'aigua no baixa pel fons de les valls i on els aliments no són sota la terra, penjats dels arbres o amagats en algun cau, sinó embolicats en plàstics i posats en prestatgeries dins d'un supermercat.

La natura ha quedat atrapada en illes envoltades en un mar d'artificialitat, on els homes poden contemplar les seves meravelles i fer-se fotos amb els seus habitants, siguin animals, plantes, arbres, roques, rius o muntanyes, com si es tractés d'estranyes peces de museu, ignorant que aquelles roques, aquelles valls i aquells rius van ser, temps enrere, no un patrimoni que calia protegir, sinó les nostres cases, els nostres «supermercats», les nostres escoles, en fi, el nostre planeta.

Immersos en aquest espectacle natural, sense adonar-nos-en, ja hem recorregut més d'una seixantena de quilòmetres i hem deixat la part nord del llac a la nostra esquena. Les vistes des dels cims més alts, amb una perspectiva immillorable sobre el llac, m'han donat força en veure per primera vegada tot el recorregut sencer, que no sembla tan llarg. Ja n'he recorregut una cinquena part i repetir quatre vegades més el que he fet no em sembla tan dur. El sol ja s'ha fet propietari del cel i després de sis hores perseguint ants ja començo a tenir gana. En arribar a Tahoe Meadows aprofito per menjar un petit plat de macarrons amb oli i sal abans de començar la segona part del recorregut, que passa per les muntanyes situades a l'est del llac.

El recorregut continua en la seva monotonia de petites pujades i baixades, mai amb prou pendent per poder caminar o amb pedres al camí perquè et puguis distreure pensant en quina serà la millor combinació de peus per franquejar els obstacles, i els magnífics paisatges ja no són suficients per evadir la meva concentració en aquest run-run que es perpetua idèntic a cada pas. El pas de les hores ha fet aparèixer la fatiga i desaparèixer les persecucions d'ants i bisons, les cames lleugeres que no tocaven el terra i les mirades vives que captaven cada petit moviment al meu voltant. Encara em sento bé i amb força, però els primers signes que aquesta força s'acabarà més d'hora que tard comencen a aparèixer. Els meus passos de grans impulsos s'han convertit en gambades ran de terra per evitar les pèrdues d'energia; la meva mirada es concentra en els pròxims metres que cal recórrer, aliena als paisatges que ens envolten, i els meus pensaments, lluny de posar-me en la pell d'herois indis, es demanen per què he comès l'estupidesa de començar amb el malbaratament d'energia amb el qual he començat. La mitjana de velocitat era altíssima, i les meves acceleracions, seguint l'instint i el meu cor, m'estan començant a passar factura. Encara em queda molt camí per endavant, i, tot i que ara no sento cap dolor, tinc el pressentiment que no trigarà gaire a aparèixer. Intento evadir aquests pensaments i ocultar-los de la mirada dels meus entrenadors i també de mi mateix, discutint animadament amb l'Adam i el Kevin, i jugant amb el vent que s'ha girat amb força a mesura que ha anat passant el dia.

Els peus se m'enfonsen a la sorra del camí una altra vegada, impulso amb força per poder continuar corrent i bufo. En aixecar la mirada del terra per agafar aire m'adono que estem corrent envoltats per dos llacs. A la nostra dreta, uns 1.000 metres més avall, s'estén la costa est del llac Tahoe, i a l'esquerra, un llac d'una mida considerable s'allarga seguint el camí uns centenars de metres. Somric interiorment en veure aquesta meravella, però no vull gastar força pronunciant un comentari per mostrar la meva satisfacció en recórrer aquests paratges. La ruta continua silenciosa, amb el Kevin que em segueix. Estem corrent sobre una mena de cresta ampla i el vent bufa amb força en sentit invers als nostres passos, fent que cada pas sigui més difícil, com si els cinquanta-cinc quilos que peso s'haguessin convertit tot d'una en una setantena. Intento abaixar el cap i posar les mans ben arrambades al costat del meu cos per tenir una posició més aerodinàmica. Faig uns centenars de metres en aquesta posició, però la manca d'aire m'obliga a aixecar-me de nou per tornar a agafar aire amb força. Quan aixeco la vista m'adono que el camí continua impertorbable el seu pendent constant. «Maleïts camins», penso, «no podien haver traçat uns senders més directes, en comptes de rodejar vint vegades la muntanya per pujar-la?». El sol està començant a brillar suau sobre les muntanyes de l'oest i en tot el recorregut no hi ha hagut una sola pujada on es pogués caminar. Tinc ganes de trobar un bon mur, que em permeti caminar o grimpar; vull trobar una baixada tècnica, un pendent en què m'hagi de fixar on poso els peus per no caure, en què el córrer es converteixi en un ball amb els obstacles i no en una simple successió de passos rasants per avançar. Entre aquests pensaments veig la silueta de l'Olivier al final de la pujada. No sembla que sigui massa lluny i necessito una aturada, no per alimentar-me, sinó per poder trencar el ritme arrossegat que porto. Abaixo la mirada i accelero per fer més curta l'espera fins al moment d'aturar-me. Compto dintre meu fins a cent i, esbufegant, torno a aixecar la mirada, esperant trobar-me l'Olivier davant meu. Però encara és lluny, diria que és més lluny. Els metres no avancen i sembla que cada pas desafiï la meva esperança. Al final, però, arribem al coll on l'Olivier ens espera i m'assec a terra. Prenc un gel i aprofito per contemplar els dos llacs que hem deixat darrere nostre. Sense perdre gaire temps torno a posar-me a córrer. He d'arribar a Kingsbury Sud abans que caigui la nit i el sol comença a caure en picat darrere les muntanyes a l'altre costat del llac.

Amb el pas monòton emulant el camí arribo finalment amb les darreres llums del dia a l'estació d'esquí alpí de Kingsbury, on aprofito per fer una pausa i m'aturo uns quaranta minuts per alimentar-me bé, descansar tant físicament com mentalment, i agafar forces per a la segona part del recorregut. Tot i que encara no he arribat a la meitat, ja he recorregut uns 120 quilòmetres. El terreny sec i terrós del camí m'ha omplert de pols tot el cos i la terra m'ha entrat fins i tot a les vambes i dins dels mitjons, cosa que em provoca grans butllofes que, en reposar, s'han començat a refredar i m'han començat a fer mal. Mentre menjo un bon plat de nyoquis, la Lotta em neteja amb aigua freda els peus i la Sònia es prepara amb una xeringa de Betadine per eixugar el líquid de les butllofes.

—Potser et farà una mica de mal; t'aviso perquè alguns corredors s'espanten, però no serà gaire... Només crema una mica —em diu en veure la meva cara d'espant quan acosta la xeringa cap als meus peus.

—D'acord —dic sense gaire convenciment, però sabent que és l'única solució per poder continuar els 150 quilòmetres sense haver d'utilitzar unes vambes més grans.

Clava l'agulla a la butllofa i deixa que el líquid surti a fora abans d'introduir el Betadine.

—Ahhh!!! —faig un crit sord; sento com si m'haguessin posat el peu dins d'una paella d'oli bullent. Retiro el peu amb brusquedat per allunyar-lo de la Sònia i bufo amb força sobre la butllofa.

—Ja t'he dit que feia una mica de mal, però tampoc no volia espantar-te. Vinga, que ja en queda una menys —em diu la Sònia amb convenciment. I a poc a poc anem cremant la pell de les butllofes fins que em queden uns peus sense dolor, ja sigui per haver eliminat les butllofes o per la insensibilitat que m'ha quedat després d'aquestes cremades.

El fred ha aparegut amb força en desaparèixer l'escalfor de la llum del sol i m'abrigo per començar la nit: una samarreta de màniga llarga, un paravent, guants i un gorro. El Ross, un corredor fort que viu a la zona, m'acompanyarà durant la primera part de la nit, ja que els senders no són gaire evidents i sembla fàcil equivocar el rumb. Córrer al seu costat, amb el coneixement que té de la zona, em treu un pes de sobre. Acabem de preparar-nos: la roba, l'última mossegada als nyoquis, mirar que el frontal tingui piles, uns estiraments per desbloquejar les cames que ja han començat a notar els quilòmetres, i una altra vegada, a les fosques, comencem a córrer entre els crits d'ànim de l'equip, tot i que aquesta vegada el ritme és ben diferent. A poc a poc comencem a pujar pels senders que fan ziga-zagues a través de les pistes d'esquí de Kingsbury. El ritme suau fa entrar dolçament en calor les meves cames i les articulacions van guanyant amplitud a mesura que anem avançant. Així, les forces van tornant i pujant entre camps i boscos em vaig trobant cada vegada millor. La nit és fresca i em recorda als entrenaments d'hivern, quan tornava de l'institut i sortia a córrer a les fosques per sobre de Montellà. El vent que pica a la cara em desperta els sentits i em dóna l'energia per córrer amb força una vegada ja hem deixat les zones boscoses dels voltants de les pistes d'esquí i ens endinsem cap a una salvatge regió de llacs i cims afilats. Una dura pujada per un camí de sorra ens du fins al coll d'East Peak, on se'ns obre una meravellosa vista nocturna de tota la part sud del llac Tahoe. Per mantenir el ritme i al mateix temps poder «desconnectar» i pensar en altres coses que el fet de córrer, el recorregut, el que he de menjar..., deixo que el meu cap s'imagini històries que podrien estar passant. M'imagino que som uns fugitius que ens hem escapat de la presó i ens amaguem en aquests boscos. Que som indis que perseguim els blancs que ens han cremat els camps. A vegades també penso en les coses del dia a dia. En el fons, córrer s'ha convertit en una cosa més a fer, com respirar, menjar o anar al lavabo, que aquí es tradueix a anar darrere un pi, una roca, o, quan les forces et maleeixen quan t'allunyes del camí, sota una pedra a pocs centímetres del costat del sender. Penso en el que hauré de fer la setmana vinent: hauré de comprar un regal a la Maria perquè dimecres és el seu aniversari, hauré de trucar al mecànic per portar el cotxe a la revisió dels 80.000 quilòmetres o que en arribar a casa hauré de passar abans pel supermercat perquè la nevera és buida. A vegades simplement em deixo portar pel ritme d'una cançó i canto amb força, per fora si les forces ho permeten o per dintre si la pujada és exigent o el cervell em renya per malgastar forces. Aquesta és una de les millors maneres que he trobat per disteure'm i vèncer el temps, perquè les hores passin més ràpidament. L'únic problema, aquesta vegada, és que m'he deixat l'iPod a casa i no sé si pel cansament o si és veritat que córrer tant mata neurones, però les cançons es comencen a enganxar, queden gravades al cap i, per molt que vulguis pitjar el botó per passar a una altra cançó, no hi ha manera de parar de repetir la mateixa, una vegada i una altra. Si es tractés d'una cursa de tres o quatre hores o, a tot estirar, de sis o set hores, es pot aguantar, però si la cançó s'ha enganxat al cap de poques hores de començar i ja en portes quasi una vintena, imagineu-vos l'estat dels nervis en repetir milers de vegades: «*Oooh life... is bigger... is bigger and.... na na na na na... Losing my religion!!!*», perquè, en el fons, sense l'iPod només recordem la tornada de la cançó i la resta fa vint hores que intento descobrir què dimonis deia. Però, finalment, tot i acabar amb els nervis de punta, sense adonar-me'n, buscant la lletra ja han passat dues o tres hores en les quals he oblidat el mal de cames, el fred i que encara queden molts quilòmetres per endavant.

Però, inevitablement, van passant les milles i torna la monotonia, i en abandonar les crestes i tornar a endinsar-nos als boscos, el vent desapareix i amb ell la frescor dels meus sentits. Les cames encara se senten lleugeres i el cor amb ganes de continuar donant guerra, però els sentits se'm van apagant mentre baixem del Thompson Peak. El tacte ja fa hores que l'he oblidat per evitar sentir el dolor de les cames i les butllofes dels peus. El primer a desconnectar-se és l'oïda, que ignora els sons del bosc i les paraules del Ross. El segueix a poc a poc la vista: els ulls se'm tanquen, fins que les parpelles són tan a prop que ja no puc distingir el terreny i faig una capcinada. Em poso a cantar amb força i a fer salts mentre corro per poder tornar a despertar els meus sentits. El Ross, que em segueix a pocs passos darrere meu, deu pensar que m'he tornat boig, però la veritat és que em serveix per despertar-me i evitar sentir somnolència. Corro despert amb força uns quants minuts, però el temps és infal·lible i les pestanyes comencen a sentir-se pesades alhora que els meus passos es fan més monòtons. Lluito contra aquesta força i torno a cantar, aquesta vegada més fort, i accelero per les corbes del camí, salto les pedres, m'agafo als arbres per sentir la velocitat, l'adrenalina i activar les hormones que m'han de mantenir despert.

Uns quants minuts més tard els ulls es tornen a tancar amb força i aquesta vegada abandono la lluita i deixo que el pes de les pestanyes segelli el meu son. Sento com un estat de benestar em recorre ràpidament tot el cos, els nervis desapareixen, la fatiga també, els dolors s'allunyen i els pensaments s'esvaeixen. Em deixo portar per aquest món on tot és tan fàcil i oblido el meu cos. De cop, els meus pensaments em tornen a la realitat. «Estava corrent? No recordo haver-me aturat... Encara estic corrent?». De sobte, obro els ulls espantat. On sóc? Miro cap als dos costats. He sortit del camí un bon centenar de metres i estic al terra, assegut, entre branques de pi i grans formiguers. Deuen haver passat pocs segons perquè el Ross encara em ve al darrere, al camí. Torno caminant fins al camí, pensant que no puc continuar així. M'hauré de parar a dormir una estona, el just per treure'm la son de sobre i poder acabar. Alguna vegada he sentit alguns corredors de raids, o era la Sònia, la metgessa? O els navegants? Bé, havia sentit a dir que feien dormides de mitja hora per desvetllar-se i poder continuar unes quantes hores més. Sí, provaré de fer això. Només em queden unes sis o set milles per arribar a Big Meadow, on m'espera l'equip i on decideixo aturar-me a dormir.

Després d'una hora dura corrent i intentant que no se'm tornin a tancar els ulls, arribem finalment a la carretera, a la part sud del llac. Comento el problema a l'Olivier i a la Sònia i ràpidament m'estiro al terra dur del pàrquing amb un sac de dormir al damunt. M'adormo a l'instant. No tinc temps per pensar si el terra és dur, fred, si estic de panxa a terra o cap per amunt. Simplement caic en un son profund.

—Kilian! —sento un eco en el fons dels meus somnis—. Kilian, és l'hora —cada vegada el so és mes clar i fort—. Kilian!

Obro els ulls i veig una gran llum sobre el meu cap. A poc a poc em vaig despertant i reconec la Sònia a l'altre costat del frontal.

—Bon dia! —dic—. Ja ha passat una hora? —demano mentre em frego els ulls amb les mans. Encara estic mort. La son ha desaparegut només una mica, però el cansament sembla que m'aixafi amb força contra el terra. «No pot ser», dic per dintre meu. «Encara em queden més de 100 quilòmetres per acabar. És impossible.» Aixeco el tronc i m'assec al terra. Dono uns cops de cap per desvetllar-me una mica més i em disposo a aixecar-me per continuar corrent. Però les meves cames no responen. No se'm pleguen i no puc contraure els músculs per aixecar-me del terra. Ho torno a provar. No és que no responguin; és que en intentar-ho sento com una forta punxada recorre tots els músculs del meu cos. «Mare meva! Si per aixecar-me sento això, com puc continuar corrent els 100 quilòmetres que em falten!» Amb prou feines, i com si fos un titella maldestre amb les cames de fusta, aconsegueixo aixecar-me. És aleshores quan sento que la temperatura ha baixat estrepitosament o és que ja havia baixat abans, però la son no em permetia sentir-ho. Em prenc un te ben calent i després d'estirar, fent cruixir les cames, em poso a córrer amb el Sean en direcció al sud. Ja ha passat mitjanit i encara ens queden unes cinc hores abans que es comenci a fer clar.

Com cada vegada després d'aturar-me, les cames es van escalfant, em torno a trobar bé i deixo enrere tots els mals. A mesura que les sensacions es van retrobant amb la bona forma, intento accelerar per guanyar el temps «perdut» dormint, i, tot i que encara estic molt per sota del rècord precedent, no sé com reaccionarà el meu cos a la part final i vull agafar un bon coixí per si les mosques. Anem discutint amb el Sean i el córrer es fa agradable, fàcil, i sembla que els meus peus han retrobat l'aire i la lleugeresa que els mancaven. Seguim el camí que puja lleugerament fent llargues rectes dintre d'un espès bosc de pins enormes. Arribem a dalt d'un coll i comencem una baixada suau; aviat hauríem de girar cap al nord, però el camí continua cap al sud. Ja em començo a inquietar, quan, de sobte, apareix davant nostre un llac. «D'on dimonis ha sortit aquest llac?», em demano mentre intento esbrinar on som. Intento endevinar la silueta de les muntanyes, però entre la nit fosca i els núvols espessos no en trec l'aigua clara. El que és evident és que no havíem d'arribar a aquest llac, però, aleshores, on és el camí bo? Recapitulo el camí des que hem sortit de Big Meadow: hem sortit per l'únic camí que hi ha, hem fet la petita pujada i, en arribar al replà, hem agafat el primer encreuament a l'esquerra! Merda! Era a la dreta! Hem recorregut unes quatre milles des que ens hem equivocat de camí, i la idea de recórrer-ne quatre més no és gaire llaminera, però en plena foscor i sense saber exactament on ens trobem no hi ha cap més opció. I, de tota manera, el que he vingut a buscar no ha estat veure fins on era capaç d'arribar el meu cos? Quin límits tenia? He vingut fins al bell mig del llunyà oest per trobar fins on serien capaços d'arribar el meu cos i la meva ment, i per vuit milles em desmotivaré? Al contrari, em giro i amb un gran somriure dic al Sean: «*Sean, more kilometers, more fun!*». Es posa a riure i entre rialles comencem a desfer el camí que havíem seguit la darrera hora. L'excitació o la ràbia d'haver-nos equivocat de camí i d'haver de recuperar al més ràpidament possible el temps de descoberta de nous paratges que no estaven previstos em desperta de cop; els meu sentits tornen a estar actius al cent per cent. Aquesta excitació em dóna un extra d'energia que ens permet, entre cants, rialles i anècdotes, desfer el camí en tan sols mitja hora. Tornem al punt d'inici i aquesta vegada agafem el bon camí, cap a la nostra dreta, i comencem a pujar suaument dins el bosc fins que arribem a una zona de prats alpins. L'excitació s'ha anat apagant i les forces també ens han anat abandonant. I no tan sols les forces ens han deixat, sinó que, com si fos una metàfora del meu estat, la bateria del frontal també es va apagant, i, al cap de pocs minuts, el frontal del Sean també deixa d'il·luminar. Ens deuen quedar unes deu o dotze milles fins a arribar a Echo Lake, on ens espera l'equip, i amb ell les piles de recanvi, tot i que probablement, en arribar-hi, la claror del dia ja ens haurà tret de sobre aquest petit inconvenient. Córrer a les fosques no és desagradable, al contrari, et manté despert, t'activa tots els sentits i et posa tot el cos en alerta; tots els sentits treballen per un objectiu comú: no caure a terra ni xocar contra un arbre. Recordo les passejades que fèiem sense llum durant la infància i intento aplicar-me al màxim. Jugant amb les ombres del terreny, el tacte dels meus peus i l'equilibri, intento accelerar i sentir com els peus se m'adapten ràpidament al terreny que descobreixen al tacte i el meu cos busca l'equilibri amb jocs de mans i braços. M'agrada aquest joc, m'encanta la sensació d'estar a punt de caure, però aconseguir aguantar-me a l'últim moment amb un cop de maluc o una braçada a l'aire, quan ja estic preparant el cos per rebre la caiguda. En el fons és el que estic fent amb el meu cos i la meva ment durant aquesta aventura. Portar-lo també als seus límits d'esforç, de resistència, i entrenar la meva ment a suportar el dolor, tot i que en aquest cas el meu cos no es pot preparar per a la caiguda, ja que desconec els efectes del que em succeiria si sobrepassés els límits del meu cos. Escalar fins al punt més alt del tall de l'espasa, sense caure a l'altre costat, és el que intento fer i em sembla que ho estic aconseguint.

Unes quantes hores més tard arribem al fons de la vall, a Echo Summit, on, a part d'un camí ample i descobert per recórrer, ens espera també la primera claror del dia. Ja porto més de vint-i-quatre hores corrent i estic satisfet de com el meu cos ha aguantat fins ara, a part del mal als quàdriceps, als bessons i als isquiotibials i d'una mica d'escurçament de les articulacions del maluc i els genolls, algunes butllofes als peus, força son, una mica de fred i alguna petita punxada als genolls. A part d'això, em trobo perfectament. Sento com encara queda energia i força dintre meu; sento els músculs, que, encara que adolorits, estan plens i consistents. El meu cap es manté serè i concentrat i el cor encara pot accelerar quan ho decideixo.

En arribar a Echo Lake la llum del dia ens descobreix que el temps ha canviat completament. Davant nostre, sobre les muntanyes situades a l'altre costat del llac, s'estan formant uns núvols amenaçadors, exactament cap a la direcció que hem de seguir. Després de descansar una estona i beure te ben calent, sucar-hi *cookies* i trossos de pastís energètic, ens disposem, amb el Jean-mi, a realitzar la part més llarga sense assistència: creuar els 50 quilòmetres de la Reserva Nacional de Desolation Wilderness. El terreny és pedregós, amb grans plaques de granit que travessen els innombrables llacs d'Aloha i Velma. Amb la llum tènue sota els núvols foscos, sembla que estiguem caminant per un planeta sense vida, on, després d'una explosió nuclear, només quedem nosaltres intentant descobrir algú viu entre tant desert. O potser és que els meus ulls ja no són capaços de distingir la realitat del que veuen del que passa dins del meu cap? La monotonia s'ha tornat a apoderar de mi i el cansament, després de més de 200 quilòmetres, es comença a fer sentir d'una manera ben diferent. Ara, la fatiga no és el dolor de cames, no són les punxades als genolls, no és la son o la respiració. Tot s'ha aturat. Tot. Estic buit, les meves cames no tenen força, els meus braços no són capaços de moure's, el meu cor no és capaç d'accelerar-se quan pugem. Respiro pel nas, amb la boca tancada, no tinc força per enviar tant d'oxigen als meus pulmons, la meva caixa toràcica seria incapaç de contraure's per distribuir-lo. Els meus peus s'arrosseguen. I, sobretot, el meu cap és buit, la meva mirada perduda. No reacciono a les emocions, no salta una guspira d'alegria en contemplar les magnífiques vistes sobre el llac Tahoe o les imponents crestes del Jacks Peak. No puc mantenir una conversa... Les paraules del meu company o els sons de la natura són un rumor que sona molt llunyà. Comencen a caure volves de neu, però no sento el fred; no puc sentir ni el dolor que hores abans em torturava. I els meus pensaments han desaparegut. Ja no puc cantar una cançó per mantenir el ritme, no tinc força per recordar-la. No puc pensar en quants minuts queden per al següent coll que he de creuar; he perdut la noció de l'espai. No em puc imaginar el futur, l'arribada... El futur no existeix dins la meva buidor. No puc somiar i no em puc ni preguntar què hi faig aquí, per què he vingut i per què he escollit aquest maleït esport. Els records, els pensaments i els somnis han desaparegut i dins el meu cap només hi ha buidor. Tot ha desaparegut i com un autòmat avanço sense saber el rumb, sense saber el que m'espera. Simplement com els batecs del cor i la respiració, que continuen funcionant sense la nostra voluntat, les meves cames segueixen caminant per inèrcia. Passen les hores, passa la neu, les roques, les valls, els cims, els llacs, els prats, els núvols vénen i se'n van, el sol recorre el cel d'est a l'oest, però per a mi el temps s'ha aturat. Simplement, res no existeix, res no és real i res no és imaginari; és un estat en el qual la meva ànima sembla haver desaparegut i el cos simplement segueix els impulsos pels quals està programat. Sento veus que trenquen el buit que hi ha dintre meu. Però aquí no hi ha ningú més en molts quilòmetres. Miro enrere, miro les crestes, però de seguida suposo que ha estat el vent que, movent unes fulles, m'ha enganyat i m'ha fet creure que ja arribava al final d'aquest tram, on m'espera tot l'equip. O potser és el principi d'una al·lucinació. Companys que han corregut l'UTMB (Ultra-Trail du Mont-Blanc) o la Diagonale des Fous i han estat corrent més d'una nit, m'han explicat que, a vegades, durant el segon dia, al mig del camí se'ls apareixien cadires on seure i, en voler reposar, queien al terra al mateix temps que la cadira s'esfumava. O, durant la segona nit, els arbres cobraven vida i els atacaven amb les branques. No, no és possible que tingui al·lucinacions, això seria tenir massa sort, penso, almenys així tindria alguna cosa que m'ocuparia el temps i semblaria que es torna a moure.

Buidor. Un pas, una volva de neu. Un altre pas, vent, herba groga. Sorra, un altre pas. Blanc, trenta-tres hores, un altre pas. Aquests són els meus pensaments durant les últimes sis o set hores. Intento pensar en monosíl·labs per evitar gastar l'energia necessària per connectar dues neurones. Davant meu s'estén un camp d'espigues grogues sobre la sorra. El vent mou les espigues i, tot i que el sol s'ha endut els núvols i la neu, no ha aconseguit escalfar l'aire. Al fons, entre les onades daurades, es veuen unes figures i els sons tornen a aparèixer. Miro el terra, la sorra, i torno a aixecar la vista per veure si les figures continuen al seu lloc. I, efectivament, no tan sols continuen apareixent entre el camp d'espigues, sinó que, a més, mouen els braços en l'aire. Em costa un moment reaccionar per adonar-me que no es tracta de les al·lucinacions que arriben finalment, sinó que ja sóc a Barker Pass, on m'espera efectivament l'equip d'assistència.

La meva ment reacciona a l'impuls de voler sortir corrent cap a ells, però el meu cos no, segueix immutable a les ordres de la meva ment. Finalment m'assec sobre una pedra i la Lotta em porta uns entrepans, te i *cookies* per menjar. Però no tinc gana. El meu estómac s'ha encongit i no es veu amb força per digerir res del que li doni. No tinc força per continuar. No sóc jo el que dirigeix els meus moviments. On és la meva ànima? On és la meva força? Tanco els ulls, que tenen la mirada perduda a l'horitzó. No, no pot ser que hagi arribat fins aquí, que hagi recorregut 260 quilòmetres i que a 20 quilòmetres de tancar el cercle abandoni. No, encara no he trobat el meu límit. Obro els ulls, però aquesta vegada han recuperat la seva vida, ja saben cap a on mirar. Miren fixament Tahoe City, a l'altre costat dels cims que s'aixequen davant meu. Em forço a menjar un parell de *cookies* banyades amb te, em trec la pols de les vambes per enèsima vegada i, per primer cop en moltes hores, se'm dibuixa un somriure a la cara.

Sento el fred i el vent mou la meva roba. Estic dret davant del camí i tanco els ulls. Agafo una cançó, una de les meves preferides, d'aquelles que quan sents és impossible que el cor no s'acceleri i que tots els pèls es posin de punta amb els seus compassos. Dins del meu cap sento com el baix comença el ritme suau —pum-pum— i s'hi uneix la bateria amb uns tse-tse per donar més força al ritme. Veig l'escenari a les fosques, els músics estan immòbils al centre, amb el cap cot, escoltant com sona el baix de fons, a la llunyania. Aquest va creixent a poc a poc fins que, en el moment culminant, sento com de cop s'il·lumina l'escenari i el cantant s'uneix al mateix temps que la guitarra elèctrica a una explosió ritmica. El so és fresc i nítid i on hi havia l'escenari ara apareixen unes muntanyes, clares i precises com la veu, i entre les muntanyes s'obre un camí, ni ample ni estret, un camí elegant. Em veig a mi, d'esquena al camí, mirant-me fixament. Però no és el jo que està darrere la mirada. Em veig fresc, lleuger, sense la pesantor que he anat agafant durant els últims 260 quilòmetres. Em giro i arrenco a córrer pel camí sense tocar el terra, desapareixent amb velocitat entre les muntanyes al ritme de la música elèctrica. Obro els ulls i sento com una força em recorre des dels peus fins als cabells. Surto corrent amb força, amb una energia que les meves cames no sentien des d'abans de la nit. Pujant i baixant, avanço corrent a un ritme que no sabia quina era l'última vegada que m'havia abandonat. No és que, de cop, hagi desaparegut tot el dolor i el cansament. Hi són, i ben presents, però, en comptes de ser l'únic centre de la meva atenció, estan amagats, guardats en un racó de la meva ment, i ara és la seguretat de saber que ho aconseguiré i el camí amb una meta que veig per primera vegada real i propera. És potser això el que m'ha alleugerit? No, el cansament ara és molt més important que abans; les meves cames estan més pesades i més adolorides. Però, per què ara, tot i el cansament, són capaces de córrer més de pressa? Què és el que ha canviat en el meu cos en comparació amb els 30 quilòmetres anteriors? Absolutament res. Només ha canviat una petita cosa dins la meva consciència. Ara sé que sóc capaç d'aconseguir-ho i veig la meta al final del camí; és a l'abast de les meves mans, ja la toco, ja la puc sentir. I recorrent aquests últims deu quilòmetres, ja entrada la nit una altra vegada, recorrent envoltat de tot l'equip que ha vingut a acompanyar-me i a fer que aquest somni es fes realitat, m'adono que el límit no està en el meu cos, en les meves cames. Veig que podria haver anat més de pressa durant tot el recorregut, veig que hauria pogut anar a la velocitat que vaig ara. Què és el que m'ha frenat? Ha estat la meva ment la que ha fet que em desconcentrés i em desmotivés; em posava dificultats i obstacles al camí i ha aconseguit difuminar la imatge de la meta, desorientar-me i fer que perdés el rumb i la decisió per aconseguir-ho; m'ha fet pensar que no era possible. Però no estic trist; al contrari, he descobert que els límits no existeixen per al nostre cos. D'ell només en dependran la velocitat i la força, però els límits reals, els que ens faran abandonar o continuar lluitant, els que ens faran assolir els nostres somnis, no depenen del nostre cos, sinó de la nostra ment, de la nostra motivació i de les ganes de fer realitat els somnis.

Fa pocs minuts que han tocat les set de la tarda, quan el camí deixa de serpentejar entre els arbres i s'aplana seguint el curs del riu. Finalment, ara sí, ara ja em puc deixar anar, ara sí que no hi ha cap límit, ara el dolor de les cames ha desaparegut i han recuperat tota l'amplitud articular; ara la força ha retornat als meus pulmons i al meu cor. Com si en tornar al punt d'inici el meu cos esborrés tot el que ha viscut des que vaig partir i tornés a copsar les sensacions que trenta-vuit hores abans sentien el meu cos i la meva ment, la mateixa força que en sortir, la mateixa motivació que en començar. De cop, durant els últims centenars de metres abans d'arribar al punt de tancar el cercle, tot el dolor i el pes dels quilòmetres han desaparegut i jo no vull conservar res, no hi ha precaucions per prendre, tot el que el meu cos ha pogut sofrir ho ha sofert. Accelero per esprintar amb els meus entrenadors, per saltar una tanca al mig del camí en comptes de rodejar-la i per poder cridar amb força a mesura que s'apropen les llums al fons del camí, fins a arribar a tornar a trepitjar les meves petjades. Miro el terra i no puc aguantar les llàgrimes. De sobte em vénen al cap totes les imatges viscudes, les llums del despertar del sol, els llacs, els arbres, la calor, el fred, la neu, la pèrdua, el dolor i la felicitat. En aquest moment no em sento orgullós de mi mateix, del que he aconseguit, ni d'haver compartit i fer partícips d'aquesta aventura física, però sobretot emocional, tot l'equip que m'ha acompanyat, això vindrà més tard, quan les llàgrimes se'n vagin i la reflexió analitzi amb més claredat el que he acabat. Ara només puc deixar fluir l'emoció pura, l'emoció de veure que he estat capaç d'aconseguir el que em vaig proposar, tot i les enormes dificultats i els sofriments. No sabria descriure aquesta emoció; és com si agafés l'alegria, la felicitat i la joia i els elevés a l'infinit. És com si se m'encongissin el cos i la ment fins que desapareixen, desapareixen el temps i l'espai i només existeix el cor, que batega amb força.

Però després de les abraçades entre rialles, després de moments eterns de llàgrimes de felicitat, el cos torna a aparèixer i em recorda el preu que hauré de pagar la setmana vinent per haver aconseguit aquests moments de joia. Però demà serà un altre dia.

4

La Ciutat del Vent

Em desperto de cop. No sé quantes hores he dormit, no recordo haver-me aturat per estirar-me i adormir-me. Només recordo estar corrent sobre la neu. La nit era fosca i el fred calava dins els ossos. Jo seguia, un pas rere l'altre, intentant trobar el camí entre el torb. Però ara el refugi és càlid. A fora, sembla que la tempesta s'ha calmat i el sol, ja alt, està fonent la neu i escalfant les parets de roca del refugi que m'ha servit per protegir-me del fred aquesta nit. Estic a la vora d'un prat, emparat a l'esquena per uns penya-segats d'uns vint o trenta metres d'alt. A la dreta, un petit bosc d'avets salvaguarda el prat dels forts vents de l'est. I al davant, més enllà del prat, s'estén un ample balcó que m'obre la visió de valls i cims verds fins que van desapareixent a la plana. És una construcció de pedra. No és prou gran per considerar-la una cabana, però tampoc tan petita per ser un orri. És una formació de quatre parets de grans blocs de granit d'un metre i mig d'alt. No s'hi nota gaire el pas dels anys, la roca és nova i encara conserva trossos de fang i herba de quan van ser arrencats. La devien construir pastors o caçadors per refugiar-se les nits de tardor, nits com la d'avui. A l'interior, un forat tallat a pic i pala sobre l'herba permet posar-se dret, ja que fa guanyar mig metre i protegeix el sòl del fred de l'herba humida. Sobre la terra, uns grapats de palla, fustes i alguna manta que ha patit l'efecte de nombroses nits de gel i pluges m'han permès de jaure còmode. Ja fa força anys, però encara recordo com si fos ahir quan, els diumenges, després de llargues excursions per les muntanyes pirinenques, cansats i amb el dia que anunciava el seu final, l'Alba es queixava de son i de fatiga i jo em deixava convèncer per buscar un orri per refugiar-nos i passar-hi la nit, abans de baixar a corre-cuita el dilluns, quan encara no havia sortit el sol, per arribar a temps a la feina.

Ens vam conèixer a Barcelona. Sembla paradoxal, dues ànimes de la natura com érem. Jo havia deixat les meves muntanyes ceretanes per baixar a fer una prova d'esforç a la capital. Ja portava anys entrenant i al començament de cada temporada havíem d'anar a la Blume de Barcelona perquè ens controlessin a nivell mèdic, miressin la nostra progressió i descartessin que hi hagués qualsevol problema que ens impedís continuar l'activitat física. Ja feia anys que la meva progressió estava estancada, però cada any baixava per fer-me un electrocardiograma i, per veure com el cor responia als esforços, feia el test de Bruce, que no tenia gaire a veure amb un concert del Bruce Springsteen, sinó que es tractava de córrer sobre una cinta que cada tres minuts anava més de pressa i s'inclinava simulant una pujada, fins que les cames i el cor no podien aguantar ni un minut més el ritme, però abans que la cinta t'enviés al fons de l'habitació com si es tractés d'una catapulta. Tot això, amb uns tubs que unien la meva respiració amb l'ordinador dels metges i ple d'enganxines per mesurar els batecs del cor. Aquell any, encara que sabia que no veuríem cap progrés i, a més, arribava baix de forma a les proves, els metges em van convèncer que era important fer-les després d'un estiu que havia estat molt exigent i pel qual temien que tingués un sobreentrenament. Les paraules del doctor havien estat contundents: «Si veiem que estàs passat de voltes, hauràs de deixar d'entrenar durant almenys un mes fins que les constants tornin a ser les normals». Tot això m'havia posat una pressió a sobre que se m'anava menjant per dins. Per a mi, deixar d'entrenar durant un mes era el final de la vida. Què faria? El problema era que unes proves d'esforç no són com una cursa, en la qual pots fer bona cara i dissimular el teu estat. Aquí els ordinadors no menteixen.

Al final, malgrat les condicions, les proves van sortir perfectes. No hi havia cap indici que digués que no havia recuperat la fatiga de les últimes curses i jo m'havia tret un bon pes de sobre. A fora feia calor i, com que tenia el cotxe al mecànic, havia baixat amb autobús i encara tenia molt temps per endavant abans d'agafar el de tornada cap a Puigcerdà. Vaig anar passejant tranquil·lament Diagonal avall fins a la estació d'autobusos. Quan hi vaig arribar encara quedava més d'una hora perquè l'autobús sortís i em vaig asseure a les escales de l'estació per continuar llegint l'últim llibre que m'havia recomanat i deixat, després de pregar-li molt, la meva germana. La novel·la tractava d'un conjunt d'històries de protagonistes molt diferents entre ells, que vivien en diversos indrets d'Europa al començament del segle XX, abans i durant la Primera Guerra Mundial. El temps volava i, sense adonar-me'n, l'autobús ja estava al seu aparcament preparat per anar-se'n mentre les últimes persones posaven les maletes al portaequipatges. Em vaig aixecar d'un bot i vaig córrer directe a dins de l'autobús.

«Tranquil, noi, no t'hauria deixat a terra», va dir el conductor mentre li ensenyava el meu bitllet.

L'autobús era ple. Vaig anar cap al fons mentre els altres passatgers anaven col·locant les seves motxilles. Vaig seure en un seient lliure. Darrere meu, un grup de nois que devien tenir la meva edat cridaven i es movien bruscament mentre dissenyaven els plans per a la nit de festa que els esperava. Al davant, una parella de persones grans tornaven del mercat de la Boqueria amb totes les compres per preparar un dinar per als fills i els néts que els esperaven per sopar. Ens vam posar en marxa amb els pensaments perduts entre el contrast de les converses que m'envoltaven i esperant treure el llibre de la motxilla per continuar la lectura que s'havia vist estroncada uns minuts abans.

Tot de sobte, el conductor va fer una frenada brusca. Com que portàvem pocs metres, anàvem a poca velocitat i no va passar res, a part d'un dels nois de darrere, que, com que estava dret, va caure al terra al meu costat. Les portes es van obrir i va entrar una noia fràgil, que semblava molt agitada. Era prima i no gaire alta. Anava vestida senzillament amb uns texans blaus i una samarreta de cotó verda. Només portava una motxilla grisa que li penjava d'una sola nansa.

Mentiria si no digués que el primer que vaig mirar quan va entrar van ser les sabates que portava, suposo que, com se sol dir, per deformació professional. El calçat que portem diu molt de nosaltres: si ens agrada caminar, anar còmodes, si preferim sentir-nos alts, si som tot terreny o de ciutat... Ella portava unes vambes blanques. El que més em va sorprendre era la cara que s'amagava sota una llarga cabellera marró. Era una cara fina, molt suau i blanca, suposo que per això em va fer la impressió que era fràgil a primer cop d'ull. Els seus ulls, blaus però foscos, estaven plens de vivències; se'ls veia inquiets però tristos. Mentre anava avançant pel passadís, la seva forma fina i suau la feia fràgil, però els braços i els músculs que se li marcaven als texans permetien endevinar una complexió forta. Caminava d'una manera segura, però com si estigués alerta, descol·locada, fora del seu medi.

Es va asseure al meu costat; era l'únic seient que quedava lliure i, mentre estava ajupida per treure un llibre de la motxilla, va cridar per a ella mateixa, però en veu alta:

—Per fi, no podia aguantar ni un segon més en aquesta ciutat! Qui pot viure així?

—Doncs suposo que sis milions de persones. Jo tampoc no ho puc entendre... Fa molt que ets a Barcelona? —vaig contestar.

Es va aixecar i va girar el cap, sorpresa. Els seus ulls no eren tan foscos com semblaven en un primer moment. L'angoixa i l'agitació els hi devien haver enfosquit com si s'amaguessin d'un món que no li agradava.

—Més o menys, quatre hores —em va contestar. La seva veu, ara, anava en harmonia amb el seu cos. Era suau, no gaire aguda, com un xiuxiueig fort—. Quantes n'has aguantat tu? —va somriure.

—Ho sento; t'he de dir que t'he guanyat per golejada. No ha estat gens fàcil; hi ha hagut moments molt durs, amb molt de sacrifici, i he estat a punt d'abandonar diverses vegades..., però al final he resistit durant set hores!

Es va posar a riure i cap dels dos no va obrir el llibre al llarg del viatge.

A mesura que anàvem pujant Llobregat amunt, l'autobús s'anava buidant i anava deixant tots els passatgers a les ciutats dels voltants de Barcelona. La conversa era distesa i agradable i sense adonar-nos-en estàvem quasi sols quan l'autobús es va aturar i el conductor es va aixecar.

—Última parada! Ja som a Puigcerdà.

Vam baixar els cinc passatgers que quedàvem al vehicle. Jo sóc tímid i d'acomiadar-me mai no n'he sabut gaire. Tota la fluïdesa que semblava que havia tingut durant les tres hores de viatge, s'havia quedat dins l'autobús.

—Bé, ha estat un plaer coneixe't; no conec gaires persones que pensin com tu.

—El plaer ha estat meu. Jo tampoc no conec gaire gent que odiï la ciutat —em va dir amb una gran rialla—. Jo estic de pas per Puigcerdà. M'hi quedaré durant un temps, no sé quant, si uns quants dies, uns quants mesos... A veure si m'agrada... —va fer un silenci per respirar—. Si baixes per aquí, pobre de tu que no m'avisis —va tornar a riure.

—Moltes gràcies, ja veuràs que el lloc t'encantarà. És magnífic..., i si puges cap a Font-romeu, només has de trucar... Si t'agrada esquiar o fer excursions per la muntanya, el lloc és idíl·lic —semblava que la conversa volgués enganxar-se, que intentés buscar les paraules i els arguments per poder continuar, però al cap d'uns minuts, després d'haver-nos intercanviat els telèfons ràpidament, cadascú estava seguint el seu camí.

Vaig recollir el cotxe del mecànic i vaig pujar cap a Font-romeu, mentre anava pensant i donant voltes al fet de per què havia dit això i no allò, per què no havia tingut forces per dir-li que m'agradava, que la trobava increïble.

Vaig entrar a casa. Com totes les tardors, era temps de canviar els armaris, de posar la roba de córrer i de bicicleta en maletes i de treure tota la d'esquí. Però com que encara no feia prou fred per poder esquiar, hi havia dies freds en què s'havia de sortir a córrer abrigat i dies de calor en què encara es podia treure a passejar la bicicleta. La casa estava inundada de material pertot arreu. Em vaig estirar al llit i vaig començar a mirar els resultats de les proves d'esforç, però en els meus pensaments no hi havia consums d'oxigen, llindars anaeròbics i aeròbics, només hi havia una noia prima, de complexió fràgil. No podia treure-me-la del cap. No sabia el seu nom! La conversa ens havia absorbit tant que no m'havia dit com es deia. Vaig agafar el telèfon, ja tenia una excusa per trucar-la.

—Hola! —vaig sentir amb la mateixa veu dolça i riallera que, tot i que feia tan sols una hora, semblava que feia dies que no sentia.

—Perdona, no m'has dit com et dius! No m'ho diguis ara. Què et sembla si m'ho dius aquesta nit fent un got?

—Mmm, d'acord! A les 10 a la plaça del campanar?

Vaig estar fent voltes pels carrers del casc antic, fent veure que mirava els aparadors de les botigues o observant la Cerdanya de nit des del mirador de l'Ajuntament, fins i tot em vaig llegir les revistes publicitàries que vaig trobar, intentant que el temps passés més ràpidament, que em portés volant fins a aquella cita. Però el temps anava a poc a poc, estava quasi aturat, els segons semblaven hores i cada vegada costava més enganyar els meus pensaments, que cada cop es fixaven més en el moment de trobar-la.

El temps no es va accelerar, es va aturar. Estava asseguda a la terrassa fora del bar, mirant la torre del campanar il·luminada, d'esquena al carrer d'on jo venia. La vaig observar mentre m'hi acostava; se la veia tranquil·la, era l'única persona del carrer. Tot i que no feia gaire fred, les nits de tardor ja començaven a refrescar als Pirineus i la gent preferia estar-se al confort de la calefacció a l'interior del local.

—Em dic Kilian —li vaig dir fluix darrere l'orella. Ella es va aixecar lentament mentre continuava mirant el campanar. Es va girar i va situar la seva cara a pocs centímetres de la meva. Amb la suau il·luminació de la plaça els seus ulls blaus encara es veien més grans sobre la pell blanca. Em va mirar directament als ulls; la seva mirada era calmada i serena.

—Alba —va dir tendrament i lentament, i em va convidar a compartir la tranquil·litat que desprenien la seva veu i la seva mirada. Ens vam quedar mirant-nos a pocs centímetres. No sé si van ser uns segons o uns quants minuts. El temps semblava córrer al voltant nostre, però per a mi estava aturat, absorbit per la força amb què m'enganxava aquella mirada. El meu pols cada vegada era més ràpid i més fort; en aquell moment era capaç de sentir cadascun dels batecs del cor en qualsevol part del cos: al cap, a les mans, a les cames... Sentia com si les forces fugissin de mi i em fessin sentir inestable. Les cames estaven rígides però tremoloses, no aguantaven el meu pes. Si em quedava un segon més així, cauria al terra. Li vaig mirar un moment els llavis; va ser una mil·lèsima part d'un segon, quan les meves ninetes van abandonar els seus ulls perfectes per fixar-me en els llavis d'un rosa pàl·lid. Eren fins i se li estiraven fins a les galtes dibuixant un lleu somriure. No sé si el temps encara es va aturar més o tot de sobte es va accelerar a una velocitat incontrolable. De sobte les nostres cares es van anar acostant lentament, precedint per poc els nostres cossos. Els meus llavis es van separar deixant entrar aire dins els pulmons per agafar força. Es començava a notar la calor que desprenien els nostres cossos. La suor començava a aparèixer al front i tenia ganes de treure'm el jersei a pesar del fred que s'endinsava pels carrers a mesura que anava avançant la nit. Les nostres mirades es creuaven entre els llavis i els ulls i les meves forces eren cada vegada més lluny, ja no tan sols em tremolaven les cames, les mans també semblaven pesades i maldestres, fins i tot em tremolaven els llavis. Em semblava que si no venia ningú per aguantar-me, cauria al terra. Va ser ella la que em va aguantar amb els seus llavis i després jo la vaig aguantar també amb els meus braços.

No entendré mai com les persones poden viure envoltades de ciment, formigó, asfalt, ferro i cristall. És difícil trobar en aquest lloc un sol reflex del que havia estat, quan anys enrere la Terra seguia el seu curs aliè a les mans de l'home. Què se n'ha fet, de l'aigua que, corrent lliure, buscava obrir-se pas entre la roca per trobar el millor camí per arribar al seu destí, al mar? I de les flors que intentaven sobreviure envoltades d'arbres i arbustos, lluitant amb altres flors per robar aquell raig de llum que els havia de permetre mostrar la seva esplendor? Els animals no troben el terreny per poder seguir el seu instint per refugiar-se, buscar les seves preses, els seus amagatalls per quedar fora de la mirada dels seus depredadors, en fi, per viure. I nosaltres? No som en el fons un altre animal? Com els gossos, els gats i els lloros, no ens trobem atrapats entre quatre parets de ciment que ens impedeixen volar lliures per poder sentir l'essència humana, la d'aquell animal que dorm dins nostre esperant el moment per poder despertar i córrer pel seu medi?

Feia temps que em rondava pel cap, com una llavor que ha passat l'hivern enterrada i en sortir el sol de primavera decideix que és hora de començar a brotar. Aquesta llavor estava enterrada dins el meu cap des que, amb deu anys, els nostres pares ens van portar, a mi i a la Naila, la meva germana, a travessar els Pirineus a peu. Durant quaranta-dos dies vam descobrir que no sabíem res de les muntanyes en les quals havíem viscut tota la nostra —tot just iniciada— vida i que, sense encara saber-ho, estimàvem.

Quan, de petits, vam fer la travessa dels Pirineus no ho sabia, però inconscientment es va plantar una llavor que, finalment, a la primavera del 2010, va començar a brotar. Primer, obrint-se pas entre la neu i amb timidesa, però sempre amb pas ferm, va anar creixent sòlida fins a començar a prendre forma. Al principi semblava una fràgil flor de neu, vulnerable i accessible, però a mesura que passaven els mesos i que semblava que començaria a donar els seus fruits s'assemblava més a una forta sequoia, imponent, inaccessible. La idea de fer la travessa dels Pirineus corrent havia pres tanta força dins meu que era impossible deslligar-me'n. Nit i dia els meus pensaments eren la transpirinenca. Ja no hi havia marxa enrere. Feia poques setmanes que s'havia acabat la temporada d'esquí de muntanya i els cims encara estaven coberts d'un gruixut mantell de neu, però el desig que m'empenyia cap al País Basc per començar aquesta aventura era tan fort que la racionalitat es va amagar darrere la ceguesa del desig i no vaig poder frenar el cos que, seguint l'instint, es dirigia cap a l'oest.

Primer dia

Amb més temor que confiança em trobava a trenc d'alba d'un dilluns de finals de maig, sota la pluja, amb la remor de les fortes ones de l'Atlàntic que trencaven contra els penya-segats de Cabo Higuer, disposat a córrer fins a posar els peus a les aigües càlides del Mediterrani. La decepció i la desmotivació que podíem sentir en aquesta sortida deslluïda sota la pluja eren ofegades sota una dosi extra de motivació, imaginant el que viuríem durant aquell llarg dia que ens duria a través de totes les muntanyes basques i imaginant el que descobriríem durant la pròxima setmana. I així, amb els crits d'ànim de l'equip i dels corredors que, tot i la pluja que estava caient, havien vingut per veure l'inici d'aquesta aventura, la de travessar els Pirineus per les seves valls i els seus cims seguint la frontera entre França i Espanya fins a trobar, 800 quilòmetres més a l'est, una altra vegada l'aigua salada del mar.

Sembla que el mar no vulgui desprendre's de nosaltres quan sortim de les roques de Cabo Higuer. La pluja i el vent són forts i no sabria distingir si l'aigua que ens mulla la cara és la que les ones deixen en xocar contra les roques o la que sembla que cada vegada cau amb més ganes del cel. Tot i això, som aquí per córrer, ningú no ens va dir que això seria fàcil i estàvem convençuts que de problemes en trobaríem. Però, si sóc sincer, ara, a punt de començar aquesta epopeia, la pluja sembla voler recordar-nos que en tot cas serà la natura, la muntanya, la que decidirà si arribarem al Mediterrani.

El rellotge s'acosta a les vuit del matí i els intensos núvols que s'expandeixen sobre tot el cel em fan pensar que de res servirà esperar que se'n vagin per començar a córrer. Segur que serà molt millor començar amb dificultats, esperant que amb el pas dels dies la natura es compadeixi de nosaltres i ens enviï una mica de bon temps. No hi ha, doncs, temps per perdre.

—*¿Estáis preparados?* —crido per fer-me sentir entre el vent i el so de les onades. Dos corredors locals que no coneixia fins aleshores s'han ofert a venir a mullar-se amb mi per acompanyar-me els primers deu quilòmetres, abans d'anar a treballar. Si semblava que el temps no estava d'acord amb el projecte que ens portàvem entre mans, tots els corredors i totes les persones que ens creuàvem estaven disposades a fer el que fos per ajudar-nos a aconseguir-ho.

—*¡Por supuesto!* —entenc vagament entre la tempesta, i els retorno un convençut—: *Pues entonces, ¡vamos!*

Els deu primers quilòmetres els passem entre aigua. Deixem les ones del mar per les que els cotxes ens llancen mentre creuem les autopistes d'Irati per endinsar-nos a la muntanya. Parlant sembla que els quilòmetres passin ràpids i les nostres cames no els sentin.

Ja fa unes quantes hores que hem deixat enrere l'olor de mar i els camins ens porten contornejant a través dels prats i cims de la Rhune. La pluja ha minvat i s'ha convertit en una lleugera cortina que cau despreocupadament sobre els nostres cossos ja mullats. El Greg i el Yon m'acompanyen en aquests primers passos de la travessa. El terreny tou i la frescor de les cames i l'esperit fan que el ritme sigui fàcil i els quilòmetres passin sense adonar-nos-en. Tot d'una, baixant sobre la cresta que separa Ibardin del coll de Lizuniaga, el sender que seguim ens abandona en un camp de pastura, sense sortida. Ens mirem tots tres. Per primera vegada des que hem deixat l'oceà traiem el mapa de la motxilla. Fins aleshores ens havíem deixat guiar per la intuïció i seguíem el vent en direcció a l'est, però en aquestes contrades de petites valls i mil senders, la intuïció sol dur-te cap a un camí sense sortida. Entre la bona orientació del Greg, dels seus anys corrent raids d'aventura, i el coneixement del terreny del Yon, descobrim que estem situats a uns dos quilòmetres al sud del GR que ens portava a Lizuniaga. Les dues opcions que tenim són la de desfer el camí uns cinc o sis quilòmetres enrere per agafar el bon sender, o intentar tallar travessant cap al nord enmig del bosc. Amb la por que els quilòmetres addicionals acabin agafant pes al final d'una jornada prevista de 130 quilòmetres, decidim seguir la segona opció, convençuts que en pocs minuts ens trobarem en el bon camí. El que no tenim en compte és que la vegetació dels Pirineus atlàntics no té res a veure amb la de casa nostra. Ens adonem de seguida que l'opció més curta no serà la més ràpida. Així que comencem a baixar per un fort pendent en què les falgueres ens cobreixen sense deixar-nos veure on posem els peus, que, pel que ens transmeten, és una espècie d'aiguamoll entre blocs de pedra i matolls d'herba. De tota manera, els peus ja els teníem mullats i a part d'alguna espina de gavarrera el tacte de les falgueres acariciant les nostres cames és agradable. Seguim baixant tots tres ben junts per no perdre'ns en aquesta selva mentre la vegetació es va espessint a mesura que ens anem acostant al riu, que, com una tassa de cafè, reposa tot el marro al fons de la vall. Amb més pena que glòria, aconseguim arribar al riu i decidim que el camí més net serà remuntar per l'altre costat seguint el curs del riu i esperar que en algun moment, per un error de formació, la natura s'hagi oblidat de poblar una escletxa que ens dugui fins a uns 500 o 600 metres sobre nostre, al camí que tant anhelem en aquests moments. El temps s'ha aturat i no penso que davant nostre queden encara més de 100 quilòmetres per arribar a Orbaitzeta, i encara més lluny, uns 800 per creuar aquestes muntanyes fins a tornar a reposar. Tot just acabem de començar, portem una vintena de quilòmetres i ja estem ben perduts i deixem escapar minuts, hores precioses de descans. Si continuem amb aquesta mitjana... Però, realment, estan perduts aquests moments? No volem perdre'ns i, com quan érem infants, fusionar-nos amb el bosc per descobrir de prop les seves plantes, els seus animals i la seva vida, i d'aquesta manera també aprofundir en el nostre interior?

En aquest moment els meus pensaments són lluny d'aquestes reflexions, només tinc una idea: creuar els pocs centenars de metres que ens separen del camí i que des de fa una mitja hora llarga només ens fan fer voltes sobre el riu. Finalment, després de remuntar-lo una bona estona, deixem el riu en trobar l'escletxa que tant anhelàvem. La força torna a les nostres cames i al nostre cor per l'excitació d'haver descobert el camí que ens pot fer sortir de la inseguretat de la natura salvatge i portar-nos a la civilització, encara que aquesta només es manifesti a través d'un camí de poc més de mig metre d'amplada. Sembla contradictori que en iniciar aquest viatge l'objectiu fos endinsar-nos en la muntanya per buscar la seva essència més salvatge, més pura i natural, allunyar-nos de tota civilització, d'allò que la mà de l'home ha estat capaç de construir i de destruir, tot depreciant el món que per bé o per mal hem construït durant la nostra existència com a espècie.

Però una vegada despullats d'aquesta artificialitat, deslligats de tota humanitat, quan finalment hem trobat el que tant desitjàvem, ens sentim desprotegits, indefensos i vulnerables. La por s'instal·la dins les nostres venes, com buscant l'adrenalina, esperant el plaer immediat de saltar al buit, de no poder controlar les nostres emocions, el nostre cos. En prolongar-se aquesta situació, la por de perdre'ns, de no trobar la sortida, d'un atac sobtat d'un llop, ens espanta, i, irracionalment, a cada petit soroll o en percebre un moviment, girem el cap esperant l'atac, busquem la sortida d'aquest pou profund per por de morir, indefensos enmig de la natura. Crec que és la por de morir la que ens espanta quan no estem en contacte amb res d'humà. Els nostres gens ens han acostumat a la seguretat d'un món racional, on tots els camins ens duen a la protecció dels nostres, i privats d'un vincle amb ells, sentim com si el camí de la nostra vida es pogués estroncar en qualsevol moment, per perills desconeguts. És irracional, és l'amor que sentim per la humanitat, que sense adonar-te'n et pren tot, et fa sentir seu, protegit sota els seus braços, i t'acompanya allà on la seva mà arriba, però desarmant-te al mateix temps d'aquell instint que ens permetia descobrir més enllà de les seves fronteres.

Entre crits ens anem situant enmig del mar de falgueres fins a arribar a la seguretat del camí i a reprendre, ja amb el cor calmat, el ritme que pas a pas ens du fins al coll de Lizuniaga, Lizarreta, Erratzu i, a poc a poc i sota la pluja, ens acosta al refugi on passarem la nit. Corrent amb amics que feia temps que no ens vèiem, les hores passen de pressa, ens posem al dia de les vides respectives, fem plans per al futur, i, sense adonar-nos-en, quan arriba la nit ja som a les crestes de sobre Orbaitzeta. Sense que les cames hagin patit massa, la primera etapa d'aquesta aventura ha arribat al seu final. Després de 140 quilòmetres i més de setze hores, la nit és fosca i queda poc temps per menjar un plat de pasta i perquè el David, el fisioterapeuta que m'acompanya durant tota la travessa, em faci un massatge a les cames abans d'anar a dormir tocada mitjanit.

Segon dia

Sembla que la nit s'ha endut els núvols i la pluja i ha deixat pas a un dia clar. El que no s'ha pogut endur ha estat el dolor de cames, ans al contrari, s'ha intensificat. Me'n surto força bé, d'amagar-lo als companys que m'esperen per esmorzar abans de començar a córrer. Què pensarien si sabessin que el primer dia ja em fan mal les cames? Quina desmotivació per a tot l'equip! A les seves cares s'hi veu la il·lusió d'haver iniciat el projecte i l'esperança de poder continuar-lo. Què sentirien ells en tornar a casa després d'un sol dia de trajecte? No és el moment de mostrar-los les debilitats, que el projecte realment penja d'un fil, un pas massa llarg, una relliscada i de ben segur que hi haurà un trencament fibril·lar... No, no és el moment. I què pensaria jo? No, millor no insistir-hi, no vull frustrar-me la il·lusió d'aquesta travessa que tant de cor em portava per un simple dolor de cames. Segur que amb les hores i els dies anirà millorant. Això és perquè ahir, entre la pluja i que ens vam perdre, els quilòmetres es van multiplicar i això ara m'està passant factura. A partir d'ara, tot tornarà a la normalitat...

Amb aquestes idees voltant pel cap comencem a córrer amb el Greg en direcció a Larrau. Una pista ens du suaument cap a les crestes d'Abodi, i sembla que el bon temps i l'aire fresc retornen la sang a les cames, que ja comencen a sentir-se vives i a permetre desviar l'atenció i la mirada del terra, tot just arribant a les crestes. La visió és espectacular. Davant nostre, s'imposen els primers cims rocallosos dels Pirineus, darrere de Belagua i, més enllà, l'horitzó s'estén com un mantell irregular de totes les tonalitats de verd imaginables abans de perdre's en l'oceà. La visió em dóna força per arribar a Larrau amb la il·lusió que aquest matí s'escorria per una escletxa intacta. Després d'una breu aturada per menjar algun gel i begudes isotòniques, tornem a córrer en direcció als cims de la Mesa 3 Reyes i l'Anie. Aquest cop, també ens acompanyen el Joan i l'Edu, que no s'han volgut perdre l'espectacle paisatgístic d'aquest racó dels Pirineus. Els quilòmetres passen de pressa entre les converses i un terreny de lleugeres ondulacions d'herba que permeten un córrer suau, com sobre un núvol de cotó fluix, i em fan oblidar el dolor del qual aquest matí es queixaven els meus tendons i les meves articulacions.

A poc a poc les converses es van apagant i no per la manca de temes o per timidesa, sinó perquè el terreny cada vegada és més abrupte i hem de guardar les forces per respirar i els nostres pensaments per afrontar els quinze o vint quilòmetres que encara ens queden. Fa una estona que l'Edu i el Joan han tornat enrere i ens trobem davant les crestes del Barazea. Ja fa quasi sis hores que hem sortit i no hem menjat res sòlid des de l'esmorzar. Al cansament s'hi comença a afegir la gana. Ens aturem uns instants per seure i respirar una mica a sota d'unes crestes. El camí continua pujant uns 200 o 300 metres fins a culminar-les i de seguida baixa darrere una llarga vall que ens ha de dur a Belagua, on ens esperen uns apetitosos entrepans.

Amb l'estómac buit no es prenen bones decisions. La gana va augmentant i mentre estem asseguts mirant els mapes veiem que si continuem flanquejant a l'alçada que ens trobem per sota les crestes, arribarem al final, on una baixada fàcil ens durà al fons de la vall, a pocs minuts dels entrepans que van agafant forma dins els nostres pensaments. El pla és perfecte, hem retallat una mitja hora a la gana i no dubtem a posar-nos ràpidament mans a l'obra, amb un ritme alegre, satisfets de la nostra intel·ligència per a l'orientació.

No sé si va ser que la imatge dels entrepans era massa forta i gran que ens va tapar o va fer desaparèixer les valls del mapa, però mitja hora després ens trobàvem al final de les arestes veient com una vall rocosa, evidentment sense camí, ens separava de la vall correcta. En la mirada que ens vam creuar es podia endevinar la nostra decepció. No ens orientàvem gaire bé.

Com que la gana és més forta que el sentiment de decepció o les forces de pensar per què havíem estat tan estúpids per deixar el camí, sense perdre un segon m'endinso al mar de blocs de granit, mentre el Greg espera a dalt de la cresta una resposta abans de llançar-se tartera avall. Començo a avançar cap a la meva dreta, sense perdre alçada, travessant les petites crestes que formen petites valls i baixen cap al fons de la vall. En busco una que ens permeti de baixar d'una forma segura i ràpida, i que no ens amagui sorpreses, algun barranc o blocs inestables que ens enterrin darrere els nostres passos. La tercera és la bona, està tot just a un centenar de metres de la collada on m'espera el meu company d'aventures. A contravent, crido fort al Greg perquè s'avanci fins al punt on em trobo i sense pensar-ho gaire em llanço tartera avall. La pedra fina ens deixa avançar a gran velocitat, és fàcil, fent grans salts i lliscant sobre la pedra com si fossin dunes del desert o un pendent de neu pols en què el risc no existeix i una superfície de cotó fluix ens protegeix dels impactes de saltar o de les caigudes... Deixant-nos portar per l'emoció i la facilitat de baixar a gran velocitat, ens oblidem que les nostres cames no són un motor alemany capaç de rodar a més de 7.000 revolucions. Un parell de minuts més tard ja som al fons de la vall. Al final, l'equivocació no ens haurà fet perdre tant temps com ens imaginàvem uns minuts abans. Amb un mig somriure remuntem els 200 metres entre grans blocs i rierols que ens separen del camí real, aquell marcat en vermell i blanc que ens porta ràpidament fins als entrepans.

A Belagua ens espera una bona part de l'equip i, ben previsors, ens han preparat dos bons entrepans de pa amb tomàquet, amb pernil i formatge de cabra. Els devorem, abans de preparar-ne uns altres per poder-los assaborir. Unes galetes i barretes energètiques ens serveixen de postres per acabar l'àpat i anar-nos mentalitzant que tot just estem a la meitat de l'etapa, i que encara ens queden unes sis o set hores abans de tornar a seure en una cadira.

Tot seguit es fa sentir l'efecte dels entrepans. Les forces han tornat i sembla que l'energia ens empenyi a córrer amb totes les nostres forces per arribar a sopar aquesta nit abans que es faci fosc. El Thierry ens acompanya els primers minuts de pujada dins un espès bosc d'alzines i roures, amb un subsòl que torna a mostrar, després que el sol de primavera fongués la neu que ha cobert aquest bosc durant l'hivern, una bona capa de fulles caigudes durant la tardor passada que han hibernat cobrint el camí. Continuem pujant mentre el paisatge canvia al nostre voltant. Deixem els roures per trobar un bosc de pi roig i després de pi negre que, a mesura que passen els metres, va desapareixent fins a convertir-se en una zona de prats alpins on els rius i els seus meandres juguen capritxosos amb les formes del relleu. A mesura que anem avançant, l'herba també es va amagant sota els blocs de granit que cada vegada ocupen més el llit de l'oberta vall, fins que les pedres també desapareixen i es cobreixen d'una capa de neu que cada vegada és mes gruixuda sota els nostres peus.

Sembla que la natura vulgui homogeneïtzar el paisatge enviantnos una espessa capa de boira que ens deixa sense cap visió del terreny. Tot és blanc, a dreta i a esquerra, sobre els nostres caps i sota els nostres peus. L'únic punt de referència que tenim és el pendent que tenim davant nostre. Continuem pujant fins que el pendent nevat canvia de sentit i suposem que hem arribat al coll. Ja es comença a sentir el cansament, però enmig de la boira i sense cap senyal que ens pugui marcar el camí, no és temps d'aturar-se. Si ens aturem uns minuts al coll tindrem un 50% de possibilitats de desfer el camí endarrere baixant pel pendent que acabem de pujar.

Comencem, doncs, a baixar directament per una ampla llengua

de neu que ens ha de portar directament al fons de la vall. Miro el mapa: es tracta d'una gran pala que arriba a un circ en el qual comença la vall que haurem de seguir fins a creuar un camí que a la dreta ens durà fins a les cabanes d'Ansabère. Com que no hi ha cap pèrdua possible, i com a molt al fons del circ haurem de recórrer uns centenars de metres fins a trobar el bon camí, ens llancem sobre els nostres culs per lliscar i baixar ràpidament sense cansar-nos. La velocitat és alta i en un moment som al fons del circ, on desemboquen totes les llengües de neu que cauen des dels cims i les crestes. Comencem a córrer seguint el curs del riu i de seguida m'adono que el Greg té problemes per seguir. S'acosta trotant lentament. La seva cara no enganya, té els ulls clavats al terra i a cada pas tanca les dents amb força per aguantar el dolor.

—Com estàs? T'has torçat un turmell? —li dic.

—No; és el genoll, el dret. A cada pas que faig em fa una punxada molt forta. Em sembla que està bloquejat... Me'l pots estirar? —em demana.

El seu dolor és sincer, els pinçaments al genoll són realment dolorosos i et deixen sense possibilitats de continuar. Després d'explicar-me com vol que li estiri el genoll, ens posem mans a l'obra. Ell està assegut al terra, aguantant-se en unes pedres amb les mans mentre jo li estiro amb totes les meves forces bruscament la cama per veure si el genoll fa un crec que ens indiqui que torna a estar al seu lloc.

Després d'unes quantes estrebades, el crec no arriba i el pitjor que podem fer és quedar-nos quiets en aquest indret. La boira ha refrescat la temperatura i som lluny de qualsevol refugi o carretera. Només ens queda una pujada mitjana i una llarga baixada i ens estaran esperant l'Olivier i en Thierry, que podran ajudar el Greg. Continuem corrent tranquil·lament fins a arribar a les cabanyes d'Ansabère, on uns excursionistes acaben d'arribar i s'estan instal·lant per passar la nit.

—Perdoneu, anem en bona direcció per pujar al pic du Lac de la Chourrique? —els demano, mentre en Greg estira el genoll en unes pedres.

—Sí, seguiu la vall de l'esquerra fins al llac i després recte amunt fins al coll. Esteu bé? —em demanen estranyats: l'aspecte cansat, els exercicis estranys del Greg i la nostra aparent desorientació no deuen semblar les millors condicions per pujar cap a les crestes, però tant de bo aquestes fossin les últimes que haguéssim de passar avui, penso.

La pujada va millor, el dolor és menor i el ritme és alt, ja que podem córrer durant tota l'ascensió, fins al coll i al cim, on una espectacular aresta ens fa baixar directe sobre el llac d'Ansabère. El desnivell és fort i el dolor del Greg cada vegada és més gran, però a poc a poc ens anem acostant al llac. Un camí ens porta vorejant la riba dreta del llac cap a la suau baixada vers el barranc de las Foyas, on trobem l'Olivier i el Thierry, que es queden amb el Greg. Sense adonar-nos-en, el temps ens ha caigut a sobre i queden al voltant de tres hores de llum. Som a 30 quilòmetres de Somport i a 50 de Sallent de Gállego, on havia de dormir aquesta nit. Decidim amb el Thierry que aquesta nit ens quedarem a dormir a Somport i demà ja continuarem. L'etapa ja serà prou dura. Sembla que l'energia dels entrepans encara dura i començo amb força la pujada al pico de Rincón, 600 metres més amunt. El camí desapareix i començo a pujar per uns pendents d'herba i pissarres que em duen directament al cim. L'aire fresc, però pur, la força d'estar sol en un cim i la forta olor de terra sembla que em donen la motivació per començar a córrer saltant i cantant mentre dibuixo ziga-zagues al camí que es manté al fil de l'aresta. La boira es fa la capritxosa i juga amb el vent i amb mi, apareixent i desapareixent mentre m'imagino que estic volant amb una ala delta per sobre la cresta. Crec que no hi ha cap sensació de llibertat més gran que córrer per una aresta aèria. És com fer-ho sobre la fulla d'una espasa, prohibint-te de caure sobre un dels dos costats, però accelerant cada vegada més per sortir-ne i escapar del perill, i al mateix temps desitjant que no s'acabi per poder continuar sentint aquesta sensació d'estar jugant amb el teu cos i amb el risc, només pensant a volar, a deixar les cames lliures perquè cada vegada agafin més velocitat, a deixar que el teu cos balli per equilibrar-se.

El Breithorn (4.164 m) va ser el meu primer quatre mil. El vaig fer a set anys, amb la meva germana, la Naila, de sis.

Una de les primeres curses de la meva vida, la Marxa Pirineu. És una cursa de 12 km d'esquí de fons que vaig fer acompanyat de la meva mare. Tenia tres anys.

STEPHAN REPKE

BRYON POWELL

Improvisar és la clau de molts èxits. Durant la Travessia dels Pirineus vam haver d'anar buscant rutes alternatives per sobreposar-nos al mal temps, la neu...

Controlar-ho tot, tenir tot el material a punt... La tarda abans de la Western States 100, preparant totes les begudes que al final no em vaig beure.

S'ha de perdre el mínim temps possible i ser al màxim d'eficient en les parades. Al Kingsbury South, durant el TRT, la Sònia em cura les butllofes mentre menjo un plat de pasta, em netejo els peus per continuar i m'expliquen el recorregut que seguirem a continuació.

MÓNICA D

MÓNICA DALMASSO

Córrer acompanyat és una ajuda importantíssima durant les llargues travessies com el Tahoe Rim Trail (Califòrnia, EUA).

MÓNICA DALMASSO

A vegades t'adorms corrent i intentes continuar. Fent una curta nit d'una hora durant el TRT.

Jna cinquantena de quilòme-
res abans d'arribar al mar van
:omençar a aparèixer tots els
nals. La Lotta i la Sònia em cu-
ren els peus mentre menjo per
agafar les últimes forces.
El viatge encara seria llarg.

STEPHAN REPK

Desprès dels vuit dies més
ntensos de la meva vida,
otes les emocions exploten
en banyar-me al Mediterrani
amb la meva mare.

STEPHAN REPK

L'esquí de muntanya ens
permet gaudir de paisatges
vertiginosos i de vistes in-
creïbles, com durant la Pierra
Menta, amb el Florent Troillet.

MIQUEL MARÍ

MIQUEL MARÍN

Jn dels moments més emotius,
en proclamar-me campió del
món després d'una cursa molt
dura. En les llàgrimes dels ulls
hi ha tots els dies i les hores
emprats per aconseguir-ho.

Mónica Dalmasso

JP. Clatot

La tènue llum d'un frontal és l'única companya durant les llargues hores de nit de l'UTMB.

En tallar la cinta de l'arribada es reviuen tots els moments, els patiments i les emocions viscudes durant tota la cursa, i exploten en uns pocs segons de felicitat única.

Córrer per la muntanya et permet dansar amb la seva geografia, llegir el terreny i unir-te a les seves formes, en aquest cas, la glacera de la Mer de Glace.

Pascal Tournaire

STEPHAN REPKE

Durant l'ascensió al Kilimanjaro es podia sentir a través de l'aire, la pols, la llum i la roca l'esperit de la gran muntanya africana.

A la vida cadascú escull un camí. Una vegada s'ha escollit, s'ha de seguir amb seguretat. Un dels indrets més espectaculars del món, a la Tête aux Vents, durant el meu primer UTMB.

GUSTAV ARVIDSSON

Per què correm? Aquesta és la qüestió que ens plantegen totes aquelles persones que no corren, però sobretot és el que ens preguntem nosaltres mateixos cada nit abans d'adormir-nos.

MÓNICA DALMASSO

No importen el moment ni el lloc, pot ser baixant corrent l'aresta de les Bosses del Mont Blanc, les crestes de l'Olla de Núria o del Carlit. La sensació de llibertat sempre és la mateixa. Però, com tot en aquesta vida, res no és etern i la cresta s'acaba per deixar pas a una baixada que em porta cap al refugi de Lapassia, on una curta però dura pujada a aquestes altures del dia, després d'uns 90 quilòmetres, em porta al coll d'Arlet.

Em sona el telèfon: «Kilian! On ets? Estic pujant de Somport a buscar-te amb un frontal. No deixis el camí i després la pista, ok?», em diu el Joan.

Se'l nota preocupat per la foscor que comença a apoderar-se del fons de les valls.

Les forces encara són grans i em llanço de pressa pel petit sender que em porta cap a Espelunguere. En cinc minuts sóc a la cabanya i començo a córrer seguint la pista. Em sembla que el camí es més directe i ràpid, però va dins del bosc i la foscor sota els arbres no em deixa córrer sense el perill d'ensopegar amb una arrel, una roca o un arbre caigut. La pista és ampla i, encara que no es vegi el relleu del terra, fent passos ben alts és impossible ensopegar. Ja porto una mitja hora llarga de baixada, quan torna a sonar el telèfon:

—Ei! On ets? Ja has passat la cabanya?

—Uf, ja deu fer quasi quaranta minuts que l'he passada. On ets tu?

—Estic pujant per la pista, a la dreta del riu. El sents tu, el riu?

—Mmm... —miro d'escoltar bé els voltants, però no sento res—. Em sembla que deu ser més avall, perquè no n'he passat cap, però tinc el fons de la vall a sota, a la meva esquerra...

—D'acord, segueix baixant, jo estic en una clariana que trobaràs en sortir del bosc —m'indica el Joan.

La nit ja ha caigut fosca i només s'intueixen les siluetes dels cims. El bosc és fosc i córrer es converteix en un exercici de percepció plantar. La pista va fent grans ziga-zagues baixant pel pendent, però sempre deixant el fons de la vall a la meva esquerra. «En algun moment haurà de creuar!», penso. Un quart d'hora més tard arribo al fons de la vall, al costat del riu. Miro cap als quatre costats, però no hi ha cap indici de clariana ni ningú esperant amb un frontal. Només bosc i un panell de fusta orientat cap a un sender que puja dins del bosc, on hi ha escrit: «*Somport, 50 min. Cabañas de Arlet, 2 h.*». I cap a l'altra direcció, d'on jo vinc: «*Cabañas de Arlet, 2 h 30 min.*».

Agafo el telèfon.

—Joan! On ets hi ha algun panell? Quant temps indica fins a Somport? I a les Cabañas de Arlet?

—Un moment, que ho miro... —es fa un silenci—. Sí! N'hi ha un. A veure, Somport mitja hora i les Cabañas a una hora quaranta.

—I no hi ha un altre panell que indiqui les cabanes cap avall? —li demano per confirmar que em trobo on sospitava.

—Sí. A 2 h 40 min —em diu sorprès—. On ets? —em demana.

—D'aquí a cinc minuts sóc aquí! Fins ara!

La baixada amb el frontal es fa molt més fàcil; això de veure on poses els peus té la seva gràcia. Corrent amb les cames encara fresques, i amb la intenció de passar una bona nit, els últims quilòmetres de l'etapa passen més fàcilment mentre arribem a Somport.

Tercer dia

Sona el despertador quan falten deu minuts per les sis del matí. «Què hi faig, aquí? Per què no he anat a fer una cursa "normal" en comptes de torturar el meu cos d'aquesta manera?». Mentre aquests pensaments ocupen la meva ment intento aixecar-me del llit. Em giro cap a la dreta. «Encara estic prou bé, no tinc cap dolor», penso, però en començar a apujar el genoll per sortir del llit sento una punxada sota el tendó rotulià: «No n'hi ha per tant». M'aixeco del llit i en posar-me dret els quàdriceps no em responen. Ràpidament torno a seure al costat del llit per no caure a terra. Miro el rellotge: falten cinc minuts per les sis. No hi ha temps per perdre. A poc a poc, amb cura, em vesteixo intentant no moure les cames. És com vestir un maniquí, una figura de pedra, tot i que ara la figura per vestir sóc jo mateix.

Són les sis, no queda més temps per lamentar-me, per queixar-me. Em poso dret. Si mantinc les cames dretes, sense flexionar els genolls, puc caminar sense que els quàdriceps em fallin i caigui a terra en qualsevol moment. Surto de l'habitació. A fora m'esperen el Joan, el Tierry i la Sònia. Intento dibuixar un somriure per ocultar el dolor. La meva boca mostra tranquil·litat i seguretat, però veient les cares dels meus companys sé que els meus ulls, enfonsats i foscos, mostren el dolor i el cansament.

A fora fa fred. En obrir la porta, l'espessa boira que flueix com l'aigua entre les valls sembla que tingui pressa per entrar al refugi. No sé si és la pluja de la nit, el gebre de la matinada o la boira pixanera, però els camps s'han convertit en aiguamolls, i veient l'estat dels meus peus no és el millor per passar quinze o setze hores sota l'aigua.

Els primers passos són terribles. Tanco els ulls a cada pas i compasso la respiració amb cada impulsió. Els passos són petits i lents, avanço desapercebut, com una oreneta ferida que es resisteix a aturar-se i sense poder volar s'arrossega intentant seguir el seu camí. Són pocs metres cada minut, i sembla que a cada pas un fibló em recorri tot el cos. En posar el peu a terra, sento com el líquid de les butllofes dels dits s'esclafa i provoca una punxada que em fa serrar les dents. Petites punxades apareixen des dels genolls als isquiotibials i fins al maluc. Aquí ja no serro les dents, els meus ulls es tanquen i els músculs de la cara es relaxen per intentar volar a un món on no existeixi el dolor. Els meus pensaments em porten a descobrir platges llunyanes, dies calorosos a la vora del mar, on l'únic que haig de fer és dormir sota una palmera per protegir-me del sol mentre de fons escolto les onades del mar que suaument arriben fins als meus peus. L'aigua està calenta i em cura les butllofes... No serveix, el so de les onades es torna més brusc, més fred, més tenebrós, i s'enfosqueix, fins que en obrir els ulls s'ha convertit de nou en el vent que arrossega la boira entre les meves cames. Estic pujant, el camí que era de terra i herba ara és fang i aigua i s'esborra darrere la boira, com mostrant que els nostres passos són efímers, que el que fem són tan sols petjades que es queden uns segons impreses al fang abans que la boira les esborri per sempre. Aquests pensaments em fan oblidar el dolor de les cames, el fred i les butllofes dels peus quan corono el Somport. Allà m'espera l'Edu. No hi ha paraules per dir-se; la meva mirada clavada al terra deixa clar que estic en un altre món, intentant que els quilòmetres passin fora, mentre jo em concentro dins seu.

La baixada em torna a la realitat. Els primers passos em fan despertar dels meus somnis. Els aguts dolors articulars de la pujada es converteixen en fortes contractures als músculs de les cames i a l'abdomen i transformen així el meu voltant, com si no fos el meu cos el que sentís la baixada. No tinc forces per suportar el dolor i la meva ment canvia l'entorn, allunya el dolor del meu cos i l'esculpeix en el paisatge. L'herba i el fang ara semblen un coixí llunyà en el temps. El terra s'ha convertit en dures roques, verticals. Ara la boira no sembla la suau però dolorosa espina que es va clavant a poc a poc. Ara ha guanyat velocitat, força, escup la pluja que cau pesada sobre el meu cos.

Entre boires i pensaments, passen els quilòmetres i les hores. Les cames s'han escalfat i a poc a poc el dolor ha anat desapareixent. El paisatge fosc s'ha il·luminat i fins i tot ha sortit un sol càlid. Les valls han anat passant entre converses, paisatges increïbles i moltes rialles. En aixecar-se la boira, el sol ha pogut caure amb tota la seva força i escalfar els fons de les valls fins a temperatures que difícilment haguéssim somiat aquest matí. Sóc a l'entrada del Parc Natural d'Ordesa i Mont Perdut, al costat de la font, refugiat sota l'ombra d'un gros pi roig menjant un gran entrepà de formatge de cabra i pernil salat per agafar forces per a la darrera part del dia. Són les cinc de la tarda i el sol està ben bé sobre els nostres caps. M'acomiado dels companys del refugi de Bujaruelo que m'han acompanyat des d'allà fins al fons de la vall. Miro el rellotge: encara ens queda una llarga pujada i baixada fins a arribar al nostre pròxim son. No hi ha massa temps per perdre i haig d'aprofitar que ara les cames semblen lleugeres i el dolor ha desaparegut per avançar ràpidament. Mullo la samarreta i la gorra a l'aigua gelada que surt amb força de la font. Poso el cap sota el raig, deixant que l'aigua corri entre els cabells, darrere les orelles, el clatell i l'esquena, i refresqui la temperatura que ha guanyat el meu cos en les últimes hores sota el sol i congeli els pensaments que ocupaven el meu temps aquest matí, que ara sembla tan llunyà.

El Greg s'ofereix voluntari per acompanyar-me a la pujada al refugi de Goriz. Ens espera una llarga pujada i comencem trotant a poc a poc. Som a pocs quilòmetres del final, però alguna cosa em fa pensar que la jornada encara serà llarga i que hauré de fer servir les forces guardades. Creuant tots els turistes que baixen de la part alta del Parc, ens anem animant i el camí es fa més amè. Quan portem una hora de pujada, el Greg comença a sentir els problemes al genoll del dia anterior, les fortes punxades s'agreugen i decideix recular. Em trobo bé i segueixo a bon ritme fins a l'entrada del circ d'Ordesa, on trobo el Jordi, un guarda del refugi de Goriz que ha baixat per acompanyar-me en aquesta pujada. Un glop d'aigua, quatre paraules i a continuar caminant. El cap em comença a ballar, fruit de la calor i el sol, que han estat forts durant les últimes vuit hores, o potser fruit del cansament de les hores que porto acumulades corrent: ja és el tercer dia i es comença a notar que els quilòmetres s'han anat acumulant en el meu cos, com en un gran àpat en el qual a mesura que vas menjant comences a trobar que els aliments t'omplen l'estómac i tots els forats del cos i et fas cada vegada més pesat.

L'espectacular visió del circ d'Ordesa em fa oblidar la fatiga. Des del nord al sud, davant meu s'aixeca una espectacular muralla de roca que sembla tallada per antics esclaus romans. A la meva dreta, sobre la muralla, s'aixeca la Punta de las Olas i el Pico de Añisco. A l'esquerra, l'espectacular cascada de Cola de Caballo es mostra imperial i deixa clar que ella és capaç d'esculpir aquests paisatges, que la seva aigua pot trencar les roques més fortes i destruir el qui s'atreveixi a encarar-se amb ella, però que és la reina orgullosa del seu domini, feliç de la tranquil·litat i la calma que es respira sota la seva fortalesa. Entre ells, davant meu, coronant tot el circ, el Mont Perdut controla des del cel, com Zeus des de l'Olimp, que la vida segueixi el seu curs. I és que els 500 metres de paret cauen verticals sobre els camps verds, on pasturen amb cordialitat vaques i cavalls i els isards s'acosten tranquils a la vora del riu que, ondulant, sembla que es passegi amb calma aprofitant l'indret. Les marmotes dormen en pau sobre les càlides roques, aprofitant les últimes hores de sol. L'espectacularitat de les parets contrasta amb la calma del fons del circ. M'envaeix una sensació de pau i tranquil·litat. El cansament sembla part d'un passat llunyà i la força d'aquest indret entra per tots els meus porus i em contagia l'energia per córrer i travessar els seus camps verds.

La pujada al refugi de Goriz em retorna una altra vegada a la veritat. La pujada és pedregosa i molt dreta, i els metres sembla que no passin. El Jordi, al davant, em va animant mentre, a poc a poc, el pendent es va aplanant per arribar al balcó on està situat el refugi. La resta de guardes i els excursionistes que són al refugi em reben entre aplaudiments i crits d'ànims.

—D'on has sortit aquest matí? —em demanen un parell d'excursionistes que acaben de baixar del Mont Perdut.

—Aquest matí... —em sembla molt llunyà, com si en comptes d'unes quantes hores ja haguessin passat uns quants dies des que vam començar a córrer sota la boira—. He sortit de Somport.

Em miren, es miren entre ells i em tornen a mirar; no n'estan gaire convençuts, però entre el convenciment dels guardes i el meu —més que probable— mal estat sembla que se'n convencen.

—Ostres! És impossible. Felicitats. Et quedes aquí?

El que donaria per quedar-me aquí, descansar, dormir, menjar...

—No, baixo fins a Pineta.

Durant la pujada amb el Jordi hem anat estudiant les opcions per creuar fins a Pineta. Normalment, en aquestes dates els Pirineus han perdut quasi tota la neu, però després d'un hivern i sobretot una primavera molt freda i amb moltes precipitacions, la muntanya encara està tota blanca. I el que fins ara han estat unes plaques o cornises de neu que et deixaven baixar lliscant fàcilment, aquí al Mont Perdut s'han convertit en un obstacle difícil de travessar, almenys equipat només amb unes vambes. Vam reduir les opcions fins a dues i vam deixar des d'un principi la primera opció, que era creuar per la magnífica Brecha de Rolando. Ara, mentre pugem, ens queda l'opció de creuar pel Paso de Añisco o la de pujar fins al Paso del Cilindro. La primera opció és la que més m'atrau, un flanqueig llarg però amb només 200 metres de pujada i després una baixada d'uns 1.500 metres fins al fons de la vall. El problema és que per arribar al Paso hi ha una llarga travessa molt exposada, a mitja alçada de la paret que cau del Mont Perdut i el Pico de Añisco. La travessa està equipada amb cadenes i tallada a la roca, un pas fàcil i franc a l'estiu si estàs acostumat a moure't per la muntanya. Ara, però, està cobert de gel, i una relliscada, molt fàcil corrent i fins i tot equipat amb grampons, ens enviaria de cop 1.000 m més avall. És per això que decidim amb el Jordi i la resta de guardes d'agafar la segona opció. Una pujada de 1.000 m de desnivell sobre la neu fins a arribar al Paso del Cilindro, a 3.200 m d'alçada, per creuar sobre la vall de Pineta, on m'espera una baixada de 2.000 m sobre la neu, amb un parell de passos complicats.

Aquest matí, un dels guardes, el Piltri, ha anat a mirar el Paso i em recomana d'emportar-me un piolet fins a la desgrimpada. Li faig cas i, després de menjar un bon entrepà de truita, surto amb el Jordi en direcció al Mont Perdut. La pujada és dreta però la neu és dura i es pot avançar amb força facilitat. Segueixo els passos del meu company, que puja a un bon ritme. Jo, al darrere, el segueixo amb dificultat, tornant a recordar que el descans del refugi només ha estat un petit oasi per a les meves cames. A mig camí, amb els últims rajos de sol il·luminant aquest paradís, el Jordi se'n torna cap al refugi. Aprofito aquest moment per aixecar el cap i gaudir d'un dels millors moments d'aquesta travessa. A quasi 3.000 metres d'alçada, estic envoltat de gegants de roca que descansen sobre el coixí de neu on em trobo. Sóc petit, molt petit, un sol punt negre en aquesta capa de neu que s'estén sota els meus peus. A la dreta, la Brecha de Rolando tanca la porta als darrers raigs de llum i deixa el Taillón a l'ombra. Segueixo la cresta i davant meu s'endevina la cascada de la Cola de Caballo, que, entre aquests gegants, sembla inofensiva i innocent. Sota els meus peus la nit comença a caure al fons de la vall. Els animals al fons del circ ja no pasturen ni prenen el sol, els isards ja han pujat muntanya amunt buscant un racó per dormir. Una última mirada per gravar aquesta imatge: m'encantaria quedar-me assegut aquí, observant com el sol s'amaga rere les muntanyes que he creuat des d'aquest matí, però la nit s'acosta ràpida darrere meu i la baixada es presenta entre divertida i perillosa.

Acabo de pujar els últims 200 metres fins al Paso, una hora després de deixar el refugi. El ritme ha estat bo i m'ha fet guanyar uns minuts de llum a la baixada, però el vent càlid anuncia que s'estan acabant els minuts de llum i sense descansar em poso a baixar pels pendents gelats. En ser la cara est del Mont Perdut, fa hores que el sol no escalfa la neu i s'ha convertit en una capa consistent de gel. El que hauria pogut ser una baixada fàcil, lliscant sobre el cul unes hores abans, ha esdevingut una perillosa desgrimpada en què intento col·locar les vambes als forats que han deixat els excursionistes aquest matí, mentre clavo el piolet per evitar una relliscada que sembla probable. A poc a poc, però sense parar, baixo fins a la desgrimpada. En un pas d'uns quinze metres d'alçada on s'acaba la glacera apareix una esquerda entre les roques. El pas està equipat amb unes cordes fixades amb unes bagues a la roca i sembla fàcil. Aguanto el piolet amb la mà esquerra mentre em col·loco de cara a la paret i agafo la corda amb la mà dreta. El pas del temps es nota a les trenes de la corda, però està en bon estat. De fet, no deu ser gaire vella; la devien haver col·locat l'estiu anterior. Però l'hivern ha estat dur i la corda ha estat testimoni de moltes tempestes de neu i de dies de sol i sequedat que han anat descolorint el probable verd original fins a fer-li agafar un color ocre rovellat. Tot i això, està bé, no es veu ni una sola trena desfeta, ni un sol cop de piolet o de grampons que podrien deixar-la com una trampa, preparada per trencar-se en posar-hi un pes important. Tot i que crec que amb el pes que he perdut durant aquests dies podria penjar-me d'un fil de llana. La neu que s'ha fos durant tot el dia ha anat penetrant per la camisa de la corda i l'ha deixada ben mullada; hi poso la mà al damunt. Està gelada! La primera reacció és deixar-la, però m'hi agafo amb força i començo a desgrimpar. L'aigua glaçada que corre dins la corda es diverteix en caure entre els meus dits quan l'agafo amb força, però almenys d'aquesta manera no m'escalda en deixar-hi córrer la mà. Deixo la roca amb un salt i caic sobre la neu. Deixo el piolet al costat de la roca perquè el puguin recuperar els guardes i continuo baixant. Ara el pendent es torna més suau. Es va aplanant mentre baixo corrent fins a arribar a l'extens balcó de Pineta. La llum és quasi inexistent. El cel encara és clar i es veu perfectament la silueta de les muntanyes al meu voltant. A l'esquena, deixo el Mont Perdut i el Cilindro de Marboré, i, davant meu, es perfilen les crestes de l'Astazou, a la meva dreta. Més enllà de l'extens balcó nevat, la nit ja ha caigut al fons de la vall, on es comencen a encendre els llums de les cases.

Sense temps per perdre corro ràpidament sobre el balcó. La neu és dura i permet avançar amb velocitat, tot i que de tant en tant, en un pas massa fort o en saltar, la crosta es trenca i m'enfonso fins als genolls. Fa dies que ningú no puja per aquesta ruta i les petjades s'han anat esborrant de la neu. El camí s'ha desdibuixat i, com una ironia del destí, el camí que estem traçant per travessar els Pirineus encara no existeix, encara està per crear. Decideixo seguir la banda rocosa situada a la dreta del balcó. La baixada és fàcil: un pendent de neu que cada vegada s'inclina més però que permet baixar amb seguretat i a bon ritme. La llengua de neu és tan ampla que sembla que ha d'arribar al fons de la vall; els metres passen a gran velocitat mentre baixo entre lliscant i corrent. El pendent s'inclina cada vegada més fins que, uns 300 metres per sota del balcó, la llengua de neu s'acaba abruptament i queda penjada sobre uns precipicis que cauen al buit, al fons, ja negre, de la vall.

«Merda! Aquest no era el camí», dubto un moment. Baixar per aquí és impossible. La baixada s'ha de fer per l'altre costat del balcó, el costat més oriental. L'opció de desfer el camí pujant per la llengua de neu i recórrer tot el pla del balcó em farà perdre molt temps i d'això no n'anem sobrats.

Finalment, decideixo pujar directament grimpant per les faixes rocoses travessant cap a la meva dreta. És una grimpada fàcil, però les conseqüències d'una caiguda serien fatals. Al cap d'una mitja hora torno a estar al balcó buscant de nou el camí. La nit ja és negra, i sembla que d'aquí a poc serà impossible distingir el terreny. Encenc el frontal, però, per sort, la nit és clara i el reflex de les estrelles a la neu fa que es pugui trobar amb facilitat el relleu de les restes de petjades que han deixat impregnades els excursionistes que, dies abans, havien pujat aprofitant la neu tova de la tarda. Ara, però, les llengües de neu que hores abans eren un gràcil mantell de cotó fluix, que es deixaven gaudir i mostraven la seva cara més innocent, juvenil i riallera, s'han convertit en ganivets de glaç que desprenen la seva faceta més severa i agressiva, que resten amovibles i serioses com simples observadors, esperant que jo, innocent i inexpert, espantat per jugar en un terreny que no em pertoca, impressionat per la seva severitat, caigui sota la seva mirada intransigent sense ni tan sols poder esgarrapar-les. I la veritat és que no puc treure'm del cap la veu del Gerard Quintana cantant una estrofa que es repeteix una vegada i una altra: «Caic, a poc a poc me'n vaig...». No puc deixar d'imaginar-me i esperar-me una relliscada, com si d'una cursa es tractés, com si visualitzés el recorregut, els atacs i, fins i tot, una victòria. Ara el meu cap dibuixa la pel·lícula de la meva caiguda, en càmera lenta. Sento com el meu peu rellisca sobre el glaç i el meu cos comença a fer voltes cap avall. Les conseqüències? És una etapa que s'escapa del meu cap, que no sóc capaç d'anticipar. Em puc imaginar a punt de caure, intentant agafar-me a un forat, a una pedra per aturar la caiguda i aconseguir-ho. Puc interrogar-me fins i tot sobre els pensaments que tindria en el moment en què la sola de les meves vambes abandonés el contacte sobre el glaç. «Per què he deixat el piolet al final de la desgrimpada?», em pregunto, sabent que és una qüestió obsoleta, ja que les decisions que prenem, per petites i insignificants que ens puguin semblar en el moment de decidir-les, poden canviar el nostre camí. I una vegada preses, a vegades, el camí enrere pot ser més tortuós i difícil que no pas seguir endavant per trobar la solució. El temps sembla aturar-se mentre baixo aquests centenars de metres. Fa tan sols cinc hores estava envoltat de gent, càmeres, avituallaments, acompanyants... La muntanya semblava petita amb tot aquest equipament. Ara estic sol. La muntanya ha esdevingut grandiosa i jo m'he convertit en una simple fulla el destí de la qual depèn de com bufi el vent. Però, finalment, no és això el que busquem quan anem a la muntanya? Quan anem a córrer per les arestes? Sentir-nos humans, sentir-nos insignificants en aquest món, petits, envoltats d'una naturalesa amb una força descomunal. Com un nadó perdut que busca la seva mare per protegir-se de la immensitat d'un món desconegut. I lluitar per vèncer o, el que és el mateix, passar desapercebuts, sense fer soroll per no despertar l'ogre, entre aquests gegants que ens envolten, fins a trobar els braços de la mare.

5

Entre aigües

El sol ja ha arribat al seu punt més alt i comença a baixar a poc a poc cap a l'oest. Amb la calor del matí semblava que s'aixecaria un dia esplèndid i radiant, però amb el pas de les hores el cel blau s'ha anat enterbolint i les boires de les valls s'han instal·lat sobre els cims, tot deixant passar la llum suficient per il·luminar el paisatge, però no la necessària per escalfar el dia. Ja fa hores que he deixat la cabana idíl·lica on he passat la nit i, després de tantes nits sense dormir, el repòs m'ha donat les forces que em calien per poder continuar corrent i intentar trobar el que persegueixo, o el que em persegueix. Tan sols sé que he de seguir el meu instint perquè em marqui el camí correcte per arribar-hi.

Els amples prats alpins s'han anat esvaint per portar-me a unes muntanyes molt més salvatges, i entre congostos i crestes vaig saltant de vall en vall en la direcció contrària al camí que dibuixa el sol al cel.

La gent sempre ha confiat que seria capaç d'aconseguir el que em proposés. És com si tinguessin molt clar que allò que sembla difícil per a la resta és fàcil per a mi. Potser és fruit de la seguretat en mi mateix que transmeto, ja que sempre veig el costat positiu de les coses i mostro molta calma davant dels problemes que es presenten. Tinc el mateix aspecte relaxat en baixar a comprar al supermercat que deu minuts abans de la sortida d'uns Campionats del Món. I no és que jo n'estigui convençut, al contrari, sempre he pensat que no m'he de posar nerviós per fer una cosa que em va bé i que, a més a més, practico i faig al voltant de tres-cents seixanta dies cada any. És com si a un forner li tremolessin les cames un dia que ha de fer un pa especial. Al final, el pa és pa i pot ser que surti bo o dolent per moltes coses que s'escapen de les mans del forner, però el pa tindrà la mateixa recepta sigui un dilluns o un diumenge.

L'única persona que mai no va veure aquesta seguretat va ser l'Alba. Ella va ser capaç d'eliminar aquesta capa que la meva inconsciència em donava i saber trobar les inseguretats que se'm menjaven per dintre. O potser era ella la que es volia mofar de mi i em perseguia amb les mateixes preguntes que s'instal·laven a vegades en la meva consciència.

Quan tornava d'entrenar a casa, el primer que feia era agafar el pot de Nutella i començava a devorar-lo a cullerades fins que s'acabava, i ja m'imaginava darrere meu l'Alba, esperant per renyar-me. I, efectivament, en girar el cap era allà, amb els braços plegats i la mirada furiosa, encara que jo ja sabia que només ho feia per empipar-me.

—Tu creus que podràs guanyar els Mundials, diumenge, si cada dia t'engreixes mig quilo a base de xocolata? —em deia amb una veu enfadada forçada expressament.

—Mmm... però si després de cinc hores d'entrenament i, a més, avui que feia molt fred, es crema tot —li deia—. I saps que, per a mi, l'important no és la victòria, hi ha moltes més coses, i si haig de deixar la xocolata per guanyar una cursa, benvingudes siguin les derrotes...

I, entre riures, començàvem una llarga discussió sobre la felicitat, la importància de fer el que t'agrada, menjar el que t'agrada i, en definitiva, viure de gust. I encara que tots dos compartíem la mateixa idea, ens apassionava estar discutint llargues hores entre la cuina i l'habitació.

A ella, en realitat, no li importava el que fes a les curses. Mai no havia vingut a veure'n cap, tot i que cada dia em veia entrenar i molts dies també sortia a córrer. Sabia que, per a mi, la competició era una font de motivació i, encara que no ho compartia, ho comprenia. Jo sempre la punxava perquè vingués a fer una cursa, però ella em deia que no necesitava tenir un dorsal clavat al pit i saber que cap de les 3.000 persones de la sortida no eren capaces d'arribar davant seu per gaudir cada dia dels plaers de l'esforç i la natura.

Potser va ser per això que em vaig enamorar d'ella.

Quart i cinquè dia

Sona el despertador de nou, per quart dia consecutiu. Les bones sensacions físiques del dia anterior i la dosi d'adrenalina dels últims quilòmetres em fan sortir amb una espurna d'optimisme. Els dies van passant i cada vegada el Mediterrani, encara que llunyà, sembla més pròxim. A més, veient els problemes que hem trobat durant els primers dies de travessa, a causa de les dures condicions meteorològiques i la gran quantitat de neu que hi ha a la part més alta dels Pirineus, que ens ha fet canviar la ruta diverses vegades i augmentar el nombre de quilòmetres per recórrer, la nit anterior vam decidir entre tot l'equip d'augmentar en un dia més la previsió de la travessa. D'aquesta manera tindré més temps per dormir i em recuperaré millor.

Amb aquesta nova perspectiva, encara que al cap i a la fi només em tregui uns deu quilòmetres al dia, la cosa sembla que canvia radicalment. Al matí surto més descansat, sense la pressió de saber que la nit continuarà sent una companya de viatge al final de cada etapa. En realitat, la diferència de passar de córrer 110 quilòmetres entre quinze i setze hores a córrer-ne 100 i treure'n una o dues hores, no sembla tan gran, però per a mi és el fet de tenir el comodí d'un dia més, el fet de saber que podré veure la posta del sol mentre estic sopant i no des de l'últim coll que travesso. Poder dormir una o dues hores més cada nit canvia radicalment la perspectiva de l'aventura. Si fins ara la meva única inquietud era saber si seria capaç d'arribar al final de cada dia, ara ja estic convençut que a poc a poc i posant un peu davant de l'altre, amb més o menys temps, arribarem al Mediterrani. La inquietud, doncs, aquest matí, és saber en quin estat arribaran els meus peus, que ja fa dos dies que pateixen butllofes als talons, els meus genolls que comencen a tibar, els meus músculs fatigats, i el meu cor.

Després d'uns deu quilòmetres d'escalfament en lleugera baixada, per desencarcarar les articulacions, comencem una pujada llarga per saltar cap a Benasc. Sembla increïble que després del patiment i el sofriment que sentia durant les primeres hores de cursa del segon i tercer dies, aquest matí el cos em respongui tan bé. On s'amaga el dolor? On són les punxades als quàdriceps, les estirades als genolls? Què estan esperant per sortir? Pot ser que el meu cos s'hagi habituat a l'esforç? O estan esperant un moment de debilitat per atacar? Aquests pensaments van desapareixent a mesura que anem pujant amb el Joan i el Neto per senders fàcils entre prats i boscos. Ja no he de concentrar-me a fer un pas rere l'altre, a clavar la mirada al terra i serrar les dents perquè els músculs obeeixin els meus pensaments a pesar del dolor. Aquest matí puc aixecar la vista, contemplar el paisatge que el sol escalfa, seguir els animals que corren pel bosc o accelerar per fer una foto als meus amics que van corrent. O simplement gaudir del fet de córrer, sense pensar en el cos, en la ment, simplement córrer. Han hagut de passar quasi quatre dies perquè el meu cos també comenci a gaudir d'aquest viatge cap al Mediterrani.

La rutina s'instal·la en els dies següents, com un cicle que es repeteix des que surt el sol fins que ja torna a estar ben enterrat: llevar-se amb els ulls enganxats al coixí en sentir com sona la música del despertador; un bon esmorzar de cereals i pa amb melmelada per carregar forces; començar a córrer abans que surti el sol, mentre la temperatura encara sigui fresca; agafar un ritme constant, ni massa suau per evitar que els quilòmetres s'enganxin com els llençols de cada matí, ni massa fort per no poder gaudir dels paisatges on anem deixant les nostres petjades. Benasc, Cerler, Bassiero, els preciosos llacs del Parc Natural d'Aigüestortes, el llac de Sant Maurici o les valls pallareses. Compartir totes aquestes estones i paratges amb amics i amigues que han vingut de prop o de lluny per acompanyar-me i donar-me les seves forces. Menjar uns entrepans a migdia i tornar a córrer deixant enrere la frescor del matí i, amb la forta calor que cau en aquesta part central de la travessa, tornar a sentir els petits dolors que apareixen, petites tendinitis als peus o als genolls, petites butllofes als talons o entre els dits que amb gran eficàcia la Sònia, la metgessa que ens acompanya, em cura a mesura que es van formant. Baixar al fons de la vall on dormirem abans que haguem d'utilitzar el frontal i abrigar-nos per suportar les baixes temperatures de la nit, mentre les cames ja es comencen a ressentir dels esforços acumulats dia rere dia. Un bon plat de pasta per sopar mentre parlem amb la resta de l'equip i amb els amics que han vingut a córrer, abans d'un dolorós però imprescindible massatge del David, i, per tancar el dia, tornar al llit per adormir-nos pensant en l'etapa que ens espera l'endemà i somiant amb els moments viscuts durant el dia que deixem enrere.

D'aquesta manera les hores van passant més ràpides i, sense adonar-nos-en, ja hem arribat a les portes d'Andorra. Mentre comencem a pujar la vall de Tor començo a respirar un aire conegut. Portem molts dies de rutina, d'anar fent, avançant a poc a poc però a pas ferm cap al Mediterrani. Ja porto massa dies, ja he oblidat quina va ser l'última vegada que les meves cames van sentir el dolor de la velocitat, l'última vegada que van patir perquè se'ls havia acumulat l'àcid làctic, que m'impedia fer grans gambades, aixecar els genolls, i sentir com la cama s'estirava endarrere per impulsar i llançar el meu cos cap endavant. Ja no recordo el que sent el cor quan es posa a bategar amb energia i accelera, amb gust de sang a la boca, i com la respiració s'entretalla en no poder aportar més oxigen als músculs que ho demanen. Ja no recordo el que és la velocitat, i és una cosa que trobo a faltar. Em sento lent i em sento pesat. Tothom corre al meu costat, acompanyant els meus passos arrossegats, per compassió. Tothom és capaç d'avançar-me, d'accelerar, d'ajudar-me mentre jo em mantinc constant i immòbil, com un camió que ha de vigilar els frens durant les baixades i que a les pujades el pes no el deixa avançar. Sóc presa fàcil de qualsevol depredador, amb els sentits adormits, amb els reflexos nerviosos i l'agilitat que em caracteritzava oblidada en algun racó dels Pirineus. Els meus pensaments no poden sortir d'aquest cercle viciós i em fan sentir encara més lent, m'aixafen contra el terra, i els ulls s'humitegen pensant que els meus passos ja no són aquells del jove corredor que s'imaginava que era un isard volant per sobre les crestes. Ara m'he convertit en un ós que avança a pas segur i constant. Sí, però que només té en la seva constància, la seva força i el seu pes la protecció contra els depredadors. I no m'agrada aquesta sensació, no m'agrada sentir-me lent, protegint-me a mi mateix o envers els altres amb l'excusa perfecta que em dóna l'esgotament dels quilòmetres acumulats. No em serveixen les mirades de compassió que em faig a mi mateix per excusar el meu avançar cansat. Jo no sóc un ós, jo sempre he estat un isard. Jo sóc ràpid i àgil, i ho porto a dins. Vull sentir-ho, necessito sentir-ho si no vull enfonsar-me en una espiral de autodestrucció: he de saber que encara sóc capaç de volar.

Ja fa hores que correm al costat del riu amb el Marc, en silenci, no hem creuat una paraula en hores. No cal. Ell és aquí per acompanyarme, per ajudar-me, i em dóna la confiança i la força de saber que no estic sol, que el tinc a ell per al que necessiti; per animar-me si estic cansat o si el meu cap no és capaç de fer-ho per ell mateix, per parlar i discutir si vull distreure'm i no pensar en el dolor o en la monotonia, per trobar el camí, per buscar ajuda, per al que faci falta. Però ara, jo, necessito trobar-me a mi mateix, aquell corredor veloç i autònom que era. Que sóc. És egoista i narcisista, però en el fons del meu esperit, aquell esperit que em fa ser capaç de pujar una marxa quan el cos em diu que no, aquell esperit que em fa seguir lluitant quan els meus pensaments em diuen que m'aturi per poder guanyar una cursa, necessito aquella confiança de saber que seré capaç d'aconseguirho. No és ràbia, no és ferocitat o la necessitat de sentir-me superior als altres. És la necessitat de sentir que sóc jo, que en aquesta travessa no estic perdent la persona que era i la confiança en mi mateix, sinó que seré capaç de tornar a volar.

La carretera de Tor comença amb una corba en fort pendent a la nostra dreta. A la pujada, el meu cos, ja acostumat a protegir-se de qualsevol perill de la natura, fisiològic o muscular, alenteix el ritme, disminueix la llargada del pas i la meva respiració i el meu pols s'estabilitzen. Accelero, lluitant contra aquesta estabilitat. N'estic fart, de tanta protecció. El meu pols s'accelera i els músculs de les cames comencen a sentir petits trencaments per poder allargar la gambada, per poder pujar els genolls i estirar les cames cap al darrere per impulsar-se a cada pas. Els meus peus comencen a sentir com cada pas és una progressió de les forces des del taló fins al cop de fuet de l'últim metatars del dit gros. La respiració es desestabilitza. Començo a obrir la boca per agafar aire, a sentir com l'aire frega amb totes les parets de la tràquea i els alvèols per aportar l'oxigen als pulmons. Respiro fort, expulsant amb força l'aire per tornar-ne a agafar de nou. Redreço el meu cos per permetre que els meus pulmons agafin tot l'aire possible i perquè les cames recorrin tot l'espai que la seva flexibilitat els permeti, deixant el maluc lliure per avançar uns centímetres a cada pas. La concentració està en la respiració, a mantenir els passos al més explosius possible. El cos està al màxim de dret i la mirada traça la trajectòria més veloç, com si la carretera fos un traçat d'esquí i jo l'esquiador que només pensa com atacar la porta següent. Tot d'una m'adono que estic corrent sol. El Marc s'ha quedat endarrere i l'equip que filma també. Em torno a sentir viu, em sento a mi mateix, i això m'agrada, finalment el meu esperit somriu.

Els quilòmetres passen amb velocitat, a pesar que la carretera cada vegada fa més pendent. Les meves cames acceleren a cada mur, jugant amb l'àcid làctic, i permeten que n'hi hagi la quantitat justa que em deixi continuar augmentant aquesta velocitat sense haver-me d'aturar com després d'un esprint. Com els agrada acostumar-se a aquesta sensació, de pesadesa però lleugeresa al mateix temps, de velocitat però d'explosió al mateix moment.

El despertar d'aquest somni és cruel. El meu cos ha deixat que la meva ment es permetés uns deu quilòmetres de diversió, de lleugeresa, de velocitat i de joia. Però, arribats a aquest punt, al bucòlic poble de Tor, el meu cos m'ha abandonat, sense energia per continuar alimentant els meus capritxos i sense forces per buscar-ne de nova. El meu cos no és ni pesat ni lleuger. Simplement està buit, sense forces per aguantar-se. Intento menjar una mica però l'estómac em respon amb violència després d'aguantar tot l'esforç. No tinc forces ni per obrir la boca, ni aire per poder pronunciar un mot.

Però ja sóc a casa. A uns cinc quilòmetres i 500 metres de desnivell hi ha Andorra, els camins coneguts, els amics que m'estan esperant per recórrer la part final. En el fons, és només un altre punt en aquesta llarga travessa. Encara ens quedaran tres dies, uns 300 quilòmetres, però en el fons del meu cap, des del principi, sabia que si era capaç d'arribar fins aquí, si era capaç de superar totes les dificultats i de trobar el camí, arribaria al mar. En aquest moment, em separen cinc quilòmetres per aconseguir-ho, em queden 500 metres per al Mediterrani.

Comencem a caminar, a poc a poc, jo amb el cos encorbat, amb una respiració fluida, silenciosa i amb un pas rasant, intentant que els músculs hagin de treballar el mínim per guanyar els metres que són capaços de recórrer. Continuem caminant silenciosos, sense mirar-nos, només observant com el sol comença a caure darrere nostre. Deixem la pista forestal per seguir bosc amunt. El pendent és fort, fins al punt que hem d'ajudar-nos de les mans, ens hem d'agafar en arrels i branques per poder continuar pujant. És un terreny que en condicions normals m'encantaria. Em recorda quan era petit i jugàvem a enfilar-nos per tots els indrets possibles. Això em fa somriure i a poc a poc l'ànim i les forces en tornen a venir. Mentre juguem per superar aquests pendents de roca i arbres sempre mirant de cua d'ull el sol que es pon majestuós i ens ofereix una llum daurada sobre els rostres i l'herba del camí, començo a sentir veus sobre els nostres caps. No són un parell o tres de persones que estan parlant. No és l'equip que ens està esperant a dalt de la pujada. És un murmuri, una comunió de persones que discuteixen alegrement. Cada vegada són més fortes i en deixar la barrera de roques i arbres i sortir a la carretera, una bona quarantena de persones, la majoria cares conegudes, de l'escola, de les curses, amics i familiars, m'estan esperant per refermar encara més el meu sentiment d'arribar finalment a casa.

El sol ja ha deixat els darrers raigs de llum endarrere quan només quatre quilòmetres de carretera em separen de les meves valls, del coll de la Botella, la porta entre el Pallars i Andorra. Quatre quilòmetres, però, que separen la meva aventura del fracàs a l'èxit, de la foscor a la llum. I el meu cos no els arriba a sentir, corrent acompanyat dels meus amics, de la meva mare i la meva germana.

Sisè dia

Què ha canviat realment del dia d'ahir? Quin canvi ha sofert el meu cos? Quina adaptació a l'esforç ha pogut tenir, i quines conseqüències ha pogut patir? El meu cos continua igual de cansat que el matí d'ahir i el d'abans-d'ahir. Els meus peus continuen igual de castigats, el mateix que els meus genolls i malucs. Què és aleshores el que ha canviat aquest matí? Aixecar-se del llit no ha estat una dura penitència per anar a esmorzar, sense somriure i amb la ment en blanc i la mirada a l'infinit. Els meus primers passos del dia no han estat feixucs i dolorosos. La meva consciència, el meu parlar i la meva mirada no han trigat hores a activar-se. Què és el que ha canviat aquest matí? Absolutament res dins el meu cos, però tot dins la meva ment.

El ritme és alt des de la primera hora, des del primer minut els passos són àgils. I les valls, els cims van passant sense adonar-me'n, corrent a les pujades i volant a les baixades, compartint tots aquests moments amb companys i companyes, amb amics i família que han vingut a córrer amb mi. Avui tot és fàcil. El camí és conegut i no m'haig d'aturar per buscar l'itinerari, les cames em condueixen directament pels senders i les dreceres que tantes i tantes vegades he recorregut en l'entrenament, hivern, estiu, primavera i tardor. El meu cos funciona i avança per ell mateix i puc fer servir el meu cervell per parlar, mirar el paisatge, accelerar per fer unes fotos o buscar el millor pas per creuar un riu que baixa amb força de la neu fosa els últims dies.

El dia passa ràpid entre somriures i, sense adonar-me'n, ja sóc a casa, al llac de les Bulloses, darrere les pistes d'esquí de la Calma, on he passat de segur més hores corrent i esquiant que hores he estat a dins de casa. Començo a pujar per les pistes que es van inclinant cada vegada més, però continuo corrent, forçant-me com cada dia d'entrenament. Els meus acompanyants es posen a caminar i es queden endarrere, però jo he de continuar corrent, sóc a casa, i aquesta pujada sóc capaç de fer-la corrent. Arribo al cap dels Moros, on s'obre la vista sobre la Cerdanya; a la meva dreta, el Puigpedrós, el Cadí, la Tossa d'Alp. Davant meu, Puigmal, Eina... Conec cada racó d'aquest paisatge. Cap secret, cap animal s'escapa. Havia imaginat aquest moment, l'havia esperat amb anhel i l'havia somiat. Tinc ganes de plorar, tinc ganes de seure al terra i, silenciós, mirant endavant, mirar enrere tots els moments passats. Avui ha estat un dia magnífic, no he sentit el cansament i la força de la ment ha vençut, finalment, el meu cos. Però no puc, no puc plorar. És que ja no queden sentiments i emocions dintre meu? És que la suor s'ha endut l'aigua que tenia i, amb ella, la capacitat de sentir? És que finalment aquest viatge ha servit per fer-me insensible al dolor, al patiment, a la fatiga, però també a les emocions i els sentiments que els acompanyen? És que finalment la monotonia ha fet que el meu cos s'esterilitzés en sensibilitat?

Amb aquests pensaments rondant-me pel cap arriben els meus companys al cim de la pujada i comencem a baixar mentre entrem al cor de Font-romeu, on tothom m'espera: amics de la universitat, d'entrenaments, de l'escola, professors i professores, comerciants i restauradors. Tothom hi és per felicitar-me i donar-me suport per al final. Però jo no hi sóc. Estic perdut entre boires que enterboleixen el meu cap, buscant els meus sentits. Vull que torni el dolor, vull que torni el patiment, si és l'única manera que tornin els sentiments.

SETÈ DIA

Com donant-me una resposta a totes les pregàries de la tarda anterior, el cel ens ha enviat una forta tempesta per tornar-nos a la realitat. Per mostrar-me que l'etapa anterior només havia estat un oasi en aquesta travessa, un somni massa curt per poder mantenir-lo.

Plou, molt fort. L'aigua baixa pels carrers formant rius que desemboquen als camps del final del poble. Comencem a córrer amb el Martin, un talent del biatló francès que fa poc que ha tornat a casa amb la plata olímpica. Abans de sortir de Font-romeu ja tenim tota la roba xopa i el fred ens comença a calar els ossos. Anem l'un al costat de l'altre, sense dir-nos res, intentant pensar en el que vindrà més endavant, quan deixem la seguretat dels prats i els boscos i hàgim d'enfrontar-nos a la muntanya. Una hora més tard arribem a Eina, on comença el camí que s'enfila cap a les crestes de Núria, i, a partir d'allà, ens esperen més de quaranta quilòmetres sobre crestes abans de tornar a la seguretat de les valls.

En arribar al començament del camí, comencem a sentir com tronen els llamps sobre les crestes i els cims, que s'amaguen darrere un espès mantell de boira. Seria massa arriscat continuar per aquestes elevacions i estar-s'hi almenys durant tres hores, massa riscos. La pluja no ha deixat de caure; al contrari, cau encara amb més força com prevenint-nos que no ens endinsem cap als cims. Ens reunim amb tot l'equip, al qual s'han ajuntat amics de Font-romeu, el Martin, professors de la universitat, i ens aixopluguem sota el maleter obert del cotxe, intentant buscar una solució per poder continuar. Els cossos mullats i l'aigua no són el millor aliat contra el fred que comença a apoderar-se de nosaltres i decidim continuar les discussions en una sala calenta.

Amb tots els mapes estesos i entre tasses de te calent decidim que la millor solució serà continuar la nostra ruta seguint el GR-10, vorejant a mitja alçada per Carançà, cap al Canigó, i trobar la ruta prevista inicialment l'endemà a Ceret. Aquesta opció ens permetrà de continuar avui sota la tempesta amb seguretat, però augmentarà un bon nombre de quilòmetres l'etapa, ja que les cinc o sis hores previstes per les crestes es convertiran en deu o onze vorejant per les valls. De tota manera, no és en l'escalfor de la sala i parlant que els quilòmetres passaran més de pressa: ens hem de posar mans a l'obra al més ràpidament possible.

Ja és migdia quan torno a arrencar a córrer, amb una pluja lleu però un cel amenaçador i uns núvols negres a dalt dels cims. Aquestes hores extra de descans m'han tornat la frescor a les cames i, intentant recuperar les hores perdudes, surto acompanyat del Greg a gran velocitat, pels camins que ens porten pels boscos cap a Carançà.

L'espessa boira comença a endinsar-se en els boscos frondosos i comencem a dubtar del nostre camí. Amb tants canvis de recorregut no hem tingut gaire temps d'estudiar els mapes i el nostre convenciment no és massa gran, tot i que ens agafem amb fermesa a la nostra intuïció. Quan els dubtes comencen a fer-nos patir, com sortit directament del terra, apareix enmig dels arbres un jove barbut i sense samarreta.

—Andreu! —crido. L'Andreu em va venir a acompanyar durant les etapes dels Pirineus centrals i ha estat durant uns quants anys guarda de refugi a Carançà.

—Seguiu-me —diu de seguida—. És més ràpid si tallem per dins del bosc.

De seguida ens rellança per pujar corrent a un fort ritme dins del bosc, al costat d'un rierol que talla els llaços del camí i ens porta en un tres i no res fins al coll Rodó. Comencem a baixar i després d'unes hores de clemència la pluja torna a caure amb força sobre nostre. Passen les hores, la pluja forta, la pluja lleu, el menjar aixoplugats sota la pluja, la boira espessa que esborra el camí o ens xopa el cos, el fang i les relliscades, i també, a poc a poc, els quilòmetres, i ja estic corrent, una altra vegada sol, sota les parets del Canigó.

Em trobo fresc, no sé si és encara l'adaptació que vaig sentir ahir o si la fredor del dia se m'ha encomanat al cos. Però avui he recuperat les sensacions. No les de frescor i velocitat, avui he recuperat les emocions, el sentiment. I arribant a les crestes nord-est del Carlit no puc evitar de deixar caure unes llàgrimes i asseure'm a terra per contemplar el que veig.

Darrere meu el sol envia els últims rajos de llum del dia a través de les crestes del Carlit, que s'enfonsa darrere els meus passos. Però no és això el que em fa sentir viu, el que em fa plorar. Davant meu, per primera vegada des que vaig deixar fa set dies endarrere l'oceà Atlàntic, torno a veure el mar. Al fons, davant meu, apareix per primera vegada el Mediterrani.

Espero, assegut, sense pensaments dins del cap, sense pensar en l'èxit, sense pensar en el que hem fet, simplement contemplo amb tendresa la meravella que tinc davant dels meus ulls. 2.000 metres sota meu s'estén fins a l'infinit el mar. I jo, com un vell que acaba de tornar a casa després de molts anys d'exili, no puc evitar d'emocionar-me en contemplar-lo davant meu.

El sol ha deixat d'il·luminar les roques que tinc al darrere i el paisatge es comença a apagar al meu voltant. En canvi, jo m'acabo d'encendre, torno a trobar l'emoció i la força per continuar, torno a mirar amb ulls d'esperança. Torno a saber cap a on em dirigeixo i no recorro el camí per simple inèrcia.

Vuitè dia

Llevar-se al refugi dels Cortalets, a 2.000 metres sobre el mar i a poc més de 100 quilòmetres de les platges més properes dóna per si sol energia per continuar fins al final. I començo a córrer sabent que aquest serà l'últim matí que em llevaré amb la incertesa de saber com respondran les meves cames, de si el dolor se n'ha anat o encara tornarà al primer pas que faci, i sabent que, encara que el dolor sigui gran, hauré de continuar fins que el sol torni a amagar-se. És un alleujament enorme, que em deixa gaudir de l'aventura i em permet petits capritxos, petites concessions al meu cos que ja no les haurà de pagar l'endemà.

Costa escalfar els músculs sota el sol calorós que s'ha endut la pluja d'ahir, però, a poc a poc, el mecanisme torna a posar-se en marxa i després d'una llarga baixada, quan arribem a Arlès, ja estic preparat físicament i mentalment per afrontar l'últim centenar de quilòmetres. Una petita parada per menjar un bon entrepà de formatge i tornar a arrencar al mateix temps que la calor va augmentant, al mateix temps que acumulo hores a les meves cames. El paisatge ha canviat radicalment. S'ha fet cada vegada més àrid i sec, ha deixat els prats i les roques d'alta muntanya per portar-nos pels boscos de les Alberes.

Ja és migdia passat quan arribo al Pertús, i al davant es presenta l'última dificultat abans d'endinsar els peus dins de l'aigua fresca del Mediterrani, el puig Neulós. Però aquesta aparent alegria no està del tot instal·lada dins meu. La calor de les últimes hores ha fet que tots els dolors dels quals m'he anat ressentint els últims dies apareguin ara.

La pujada al puig Neulós comença amb un gran entusiasme de l'equip i dels nombrosos amics que han vingut a acompanyar-me les últimes hores, però, tot i que intento donar l'aparença de compartir aquest entusiasme, dintre meu es comencen a coure malestars cada vegada més punyents. A mesura que vaig pujant, una contractura al bessó dret es va fent més important, comença a bloquejar-me només la part interna, però a poc a poc augmenta més la seva rigidesa i em fa modificar cada pas per poder continuar avançant. La pujada s'acaba i amb ella penso que s'acabarà el meu patiment, però, lluny d'això, només acaba de començar.

Amb el Pinsi comencem a córrer per les crestes de les Alberes, una afilada aresta entre els plans del Rosselló i l'Empordà, que s'estenen davant nostre fins a desembocar al mar. Intento distreure el dolor contemplant aquesta magnífica vista i compartint els moments viscuts durant la travessa i moltes altres aventures amb el meu acompanyant, i durant una estona sembla que funciona, em fa oblidar tots els mals i em fa gaudir de la conversa, de les rialles o de l'aire que se'ns emporta cap endavant, volant sobre aquestes crestes. Però altres moments el dolor arrenca amb força i em fa comprendre que, en modificar el pas per evitar que la contractura del bessó em fes mal, he ocasionat un fort pinçament a la inserció dels meus isquiotibials esquerres, que, aquest sí, m'impedeix córrer sense mostrar un gest de dolor en estirar la cama.

Continuo a poc a poc, intentant allargar el pas prou per continuar corrent, però sense superar el límit i evitar la forta punxada que sento quan estiro massa la cama i que em provoca nàusees, ganes de posar els ulls en blanc i de seure a terra per immobilitzar la cama i evitar així que un gest per descuit em torni aquesta punxada.

Arribem al coll de Banyuls, on m'espera tot l'equip per al darrer avituallament, a trenta quilòmetres del mar. A trenta quilòmetres de la fi del patiment, de la fi de l'aventura. La cara no és de felicitat, no és d'èxit. És de preocupació, una altra vegada estem a punt de tocar el final, amb la mel als llavis, i aquest és el moment més dur, a molt poques hores d'aconseguir-ho, el moment que veig més difícil d'acabar tota la travessa. El dolor de l'*ísquio* em produeix mareig, nàusees i uns forts pinçaments a cada pas, cada vegada que intento estirar la cama per posar el peu a terra.

«Què fem?», em pregunto amb veu alta, tot i que dintre meu no hi ha cap més opció que la de continuar. No hem arribat fins aquí per no acabar, per deixar-ho avui, a trenta quilòmetres de la nostra destinació. I sense deixar massa temps perquè el meu cos s'acostumi al benestar d'estar-se quiet, sense sentir aquest dolor i, sobretot, perquè la resta de l'equip no s'adoni de fins a quin estat estic adolorit i fatigat —tot i que la meva cara no en deixa cap dubte, tinc l'esperança que la penombra de la tarda amagui una mica aquestes faccions—, començo a córrer amb força, amb ràbia, amb molta ràbia. Probablement massa ràbia. No sento el terreny, no sento els matolls que em freguen les cames ni veig les roques que xoquen contra els meus peus. No sento les veus del Marc, el Pere, el Pau ni el Joan que parlen darrere meu. Només veig les imatges que vull veure, les que em fan continuar oblidant el dolor i que em facin veure que el que sento no és res. Veig les imatges del Hoyt, un home americà que per aconseguir que el seu fill, que pateix una lesió medul·lar que l'ha deixat paraplègic, senti emocions fortes i pugui gaudir com qualsevol altra persona, corre *ironmans*, arrossegant una barca nedant, transportant-lo en bicicleta i empenyent la cadira de rodes corrent. Veig imatges de lluita, de batalles de l'època medieval, en què els soldats corrien i s'arrossegaven ferits, fins i tot amputats, però sense perdre mai l'esperança ni les forces per continuar. Si ells ho han aconseguit, si l'home és capaç de suportar tant dolor, per què jo no en puc ser capaç? I d'aquesta manera, he entrat en una espiral en què per a mi només existeix un objectiu: el mar. I, a part d'això, no existeix res més. Ja no sóc jo, ja no és la meva raó qui controla els meus passos i els meus pensaments. El dolor m'ha dut a la ceguesa i no em deixa veure el camí.

Els quilòmetres van passant, molt a poc a poc, i encara que dintre meu l'avanç no té límits i res no em podrà aturar fins a arribar al mar, des de fora de la bombolla en la qual visc, els meus companys veuen com arrossego cada vegada més la cama que tinc pinçada, i com cada vegada el ritme és més i més lent. La nit ja és negra i davant nostre es comencen a veure les llums de Llançà quan arribem al coll de Sant Martí. I és en aquest punt, quan veient que la meva raó ja fa estona que està molt lluny de mi, que el Joan decideix ferme tornar al món real, fer-me baixar de les batalles medievals, de la lluita entre la vida i la mort. Em posa les mans a les espatlles i s'abaixa les ulleres per poder-me mirar directament als ulls. Sento la seva respiració, sento la seva veu, però el meu cap encara està dispers en un món irreal, molt lluny del coll de Sant Martí. Però a poc a poc la seva veu em fa tornar a la consciència i em fa entrar en raó.

—El que has fet és molt gran, Kilian. No has de demostrar res a ningú.

Això ja ho sé jo, penso, no ho he de demostrar a ningú més que a mi mateix, jo en sóc capaç, i m'ho vull demostrar.

—Sé que ets capaç d'arribar avui, tots sabem que d'aquí a dues, tres o quatre hores ets capaç d'arribar al mar, que això no és cap problema per a tu. Però, vols arribar avui, provocant una lesió que s'allargui durant tot l'estiu i potser també l'hivern? O vols continuar corrent tot l'estiu? Vols fer tots els projectes i les curses que discutíem fa unes hores?

Tenia raó. No era qüestió d'heroïcitats. No era qüestió de demostrar a ningú que el dolor es pot amagar, això ja m'ho havia demostrat jo. Però s'ha de saber veure la diferència entre quan el cos està adolorit per l'esforç i quan t'està demanant que l'aturis per no arribar a conseqüències més greus. El problema és que, en aquest moment, el dolor ja ha guanyat el terreny al dolor i, per evitar-lo, els pensaments ens situen en una altra esfera, en un indret en el qual no existeixen els colors, on només existeix el blanc o el negre. La vida o la mort.

Però jo no sóc Filípides.

Vuit dies i tres hores després de deixar les aigües de Cabo Higuer els meus peus deixen la sorra de les platges de Llançà per endinsar-se dins l'aigua salada del Mediterrani. Fa tan sols una hora era al coll de Sant Miquel, assegut al cotxe amb el Thierry i la Sònia escoltant *Island in the sun* en silenci, amb els pensaments lluny, buscant i recordant tots els moments que hem viscut durant aquesta setmana. Sembla que faci mesos que vam sortir, tenint en compte la quantitat de records que naveguen dins del meu cap. La pluja d'Eina, la neu de Goriz, les falgueres del País Basc, el matí de Somport, Tor, Andorra, els amics, el menjar, la calor, el fred, les butllofes, l'alegria i el patiment... Avui només hi ha llàgrimes. D'alegria? Potser sí, per veure que finalment ho hem aconseguit, revivint tots aquests moments que quedaran sempre més gravats a la memòria. Recordant totes les persones que m'han ajudat a arribar fins aquí, recordant converses i imatges que han quedat gravades a les retines. D'alleujament? Segurament, amb la tranquil·litat que demà em podré llevar sense tenir un centenar de quilòmetres per endavant, sense patir per si les cames em faran mal quan m'aixequi del llit o si seré capaç d'arribar a la meva destinació abans que es pongui el sol. De tristesa? Potser també. De deixar enrere aquests Pirineus, d'abandonar aquesta rutina forta en emocions, d'abandonar els dies que s'omplen com setmanes i de trobar-se en el buit dels dies sense vivències. No ho sé, no sé d'on provenen aquestes llàgrimes, però deixo que la calma i el plaer de viure aquest moment omplin el meu esperit minuts abans d'emprendre el camí que em portarà, finalment, fins a la mar.

Les cames són lleugeres sense el pes de saber que encara els queden molts quilòmetres per endavant. No hi ha forces per reservar i sembla que el massatge d'ahir al vespre i les hores de descans han esborrat tots els dolors que sentia ahir a la tarda i al vespre. Només hi ha temps per al plaer de córrer envoltat pels amics i la família. L'última hora abans de deixar les muntanyes.

6

La victòria dels sentits

Recordo quan estàvem al llit després d'un dia esplèndid d'entrenament, encara amb els ulls brillants del record del que havia viscut. Sota el cobrellit, em posava a parlar, a explicar-li el que havia fet i vist durant l'entrenament, vivint-ho, parlant fluixet quan volia mostrar la meva por o cridant de l'alegria i aixecant-me del llit per mostrar la meva excitació:

—En arribar a dalt del coll, era preciós. Al meu davant el sol començava a sortir de darrere les agulles i començava a escalfar-me la cara, al mateix temps que il·luminava les pales de neu que acabava de pujar. Aleshores, com que em trobava bé, m'he dit: per què no pujo les canals que hi ha a la dreta de l'agulla negra? He començat a pujar i em trobava molt bé, anava corrent tota la pujada. Avui hi hauria d'haver hagut una cursa, m'hauria trobat molt bé! Doncs he començat a pujar i m'he tret els esquís per poder continuar, perquè a dalt hi havia força pendent. Total, que les vistes eren increïbles! Es veuen fins i tot els llacs; es veu la casa aquí baix, molt petita... I la baixada, quina baixada!, quina neu!

Ella m'escoltava en silenci, impregnant-se de la història que li explicava amb pèls i senyals, i amb un gran somriure em mirava des de darrere del cobrellit. Fins que acabava la meva extensa explicació i li demanava com li havia anat la seva excursió.

—Bé —em deia simplement.

—Com que bé? —li deia, sorprès—. És impossible que no tinguis res per explicar amb l'espectacular dia que ha fet! Com t'has trobat? Què has vist? —insistia, i ella em contestava, segura:

—Podràs explicar-ho, i la gent podrà veure el que han vist els teus ulls. Podràs fer fotografies i podran escoltar com els ocells piulen o la neu mou les branques dels arbres. Podràs escriure-ho i podran fins i tot sentir el vent a la cara o l'olor de terra mullada. Però mai no podràs fer que sentin l'emoció que tu has sentit en ser-hi present. No podràs fer que els seus ulls plorin com ho han fet els teus o que el seu cor bategui més fort, com ho ha fet el teu.

I, somrient, es girava i es posava a dormir deixant-me a mi amb un pam de nas.

L'Alba en això era molt forta. Massa forta per a mi. Jo necessitava trobar un valor a les coses que feia i no el podia trobar i consensuar únicament en el meu interior. Necessitava que algú més valorés el que havia fet. Necessitava que em diguessin que l'excursió que acabava de fer era increïble. Que em felicitessin per la cursa que acabava de guanyar. Tan sols necesitava un gest, una mirada d'aprovació, per satisfer-me a mi mateix i poder continuar entrenant motivat l'endemà. Necessitava que la gent que m'estimava se sentís orgullosa i partícip dels meus bons resultats, que els amics i coneguts sabessin i recordessin el que feia per poder sentir-me segur de mi mateix, per crear un jo sòlid on situar-me. En definitiva, necessitava crear un passat per saber d'on venia i poder continuar els meus passos cap endavant.

L'Alba no ho necessitava, això. Era capaç de sentir-se segura i completa tan sols amb l'emoció que vivia al moment, i oblidar-la quan el seu cos ja no la sentia i, llavors, buscar-ne una de nova. I amb això no vull dir que fos desordenada i que portés una vida sense rumb. Al contrari, era capaç de traçar el seu rumb sense haver de crear un passat per a ella ni per als altres. I d'una banda l'admirava, admirava la seva fortalesa interior, però, de l'altra, em feia sentir inferior. Jo no n'era capaç, per molt que volgués, jo sentia la necessitat de comunicar el que havia fet, vist o sentit. Per això, per fer-la enfadar, li deia que era egoista, que ella era capaç de veure i sentir coses increïbles i que no podia guardar-s'ho per a ella mateixa, que havia de compartir-ho amb la resta de les persones.

—Per què? —em contestava ella—. Quina finalitat té explicar coses que els altres no han pogut veure, que possiblement mai no veuran, sentir coses que els altres no han sentit? Per sentir-te superior a ells? Per saber que tens alguna cosa més? Que la teva experiència és més gran?

Jo li deia que era exactament el contrari, que d'aquesta manera les persones seguien buscant per veure-ho ells i sentir-ho a la seva pell. Però la discussió no s'acabava mai.

Ara ja fa temps que no la veig. La memòria, de vegades, juga males passades per tal que et sentis millor, i elimina els records dolorosos i recordes només els eufòrics. Això passa amb els entrenaments: d'un any per l'altre només recordes aquell dia que vas aconseguir acabar unes sèries impressionants amb bones sensacions, o la setmana que vas ser capaç de fer sis hores cada dia a ritmes altíssims. Mai no recordes els dies que has patit i que desitjaves arribar a casa per ficar-te al llit i oblidar l'entrenament. I d'aquesta manera sembla que cada vegada vagis pitjor. Sempre sembla que l'any passat estaves molt millor i que aquesta temporada t'arrossegues fatigat potser pels esforços dels dies anteriors, o per una mala planificació. La qüestió és que et vas capficant pensant per què no et tornes a sentir com l'any anterior. El mateix em va passar quan ens vam anar deixant de veure. No recordo cap a on va anar ni per què se'n va anar. Recordo, però, la seva última frase abans de tancar la porta: «On són els pòsters del Dahelie i del Brosse? On els has deixat, aquells mites? Quan has canviat els teus ídols?».

Ara, en el seu lloc, fotos de les meves victòries i trofeus de totes mides i formes omplen les parets i els armaris. En el moment en què superes els que idolatraves i et converteixes tu mateix en el teu propi ídol, s'acaba la màgia de l'esport. Els referents serveixen per marcar un camí, per saber que has de lluitar i treballar per poder aconseguir allò que han aconseguit ells. I quan ja ho has aconseguit, quan només existeix una persona a la qual pots superar i en la qual et pots reflectir, i aquesta ets tu mateix, vol dir que no has entès res. La marxa de l'Alba em va fer pensar molt en el que significava jo per a mi mateix. Si la persona que volia imitar era jo mateix, no tenia marge de progrés, estava estancat i no podia mirar amb humilitat tots aquells als quals el meu ídol superava.

Quan perds el camí, quan el tren en el qual viatges s'atura perquè ja ha traspassat totes les portes que volia passar, és aleshores quan t'adones que no n'has passat cap, de porta, que cap meta no és real, que cap victòria no és vàlida en cap altre lloc que en el teu interior.

L'Alba va desaparèixer, però en marxar em va fer comprendre que les victòries són allà on cadascú les posa, i que, per moltes victòries que aconsegueixis, només seran vàlides per a tu i, fora d'aquest domini, segurament seràs un perdedor. Tothom pot ser rei a casa seva, però a l'estranger serà vulnerable i anirà perdut. I això, de cap manera em va desmotivar, com si fos un Forrest Gump que corrés, corrés molt, però que no sabés fer res més, sinó que em va donar forces per tornar a trobar altres ídols: els que són a dins de cadascuna de les persones. I em va motivar a buscar la força dels que m'envoltaven, perquè no és més fort el que arriba primer, sinó el que gaudeix més del que fa.

Vaig aconseguir arribar a l'estat de plaer que tant admirava de l'Alba, però, contradictòriament, jo no hi vaig arribar a través d'esprémer els moments que passem amb nosaltres mateixos, sinó aprofundint en la manera de ser de les persones que coneixia i que em feien descobrir nous camins per explorar.

La muntanya ens permet disposar del temps i l'espai per retrobarnos sols amb nosaltres mateixos, però contradictòriament també la utilitzem per compartir-ho tot i unir-nos amb lligams de ferro amb els altres. Mai no he sabut dir si el que practiquem és un esport solitari o d'equip. I ja no tan sols pels avituallaments, els entrenadors, les curses per equips o tot allò que es pot veure des de fora, sinó que, independentment de tot això, la pregunta que m'acompanya quan corro és: «Per qui corro?». Quan, durant l'Ultra Trail del Mont Blanc, estic pujant el Grand Col Ferret i ja porto més de set hores sense veure ningú i no veig cap altre corredor darrere meu, per què continuo corrent? Per qui continuo corrent? Corro per mi mateix? Si fos per això, quan estigués cansat, m'aturaria a descansar, a dormir i a contemplar el paisatge, que és el que em ve de gust i em demana el cos. O és que, en realitat, corro pels altres? Ara no corro tan sols per mi mateix, no, ara ho faig per no decebre la parella, els amics que tants ànims m'han donat abans de venir cap a Chamonix. Per la família i les persones que han vingut a ajudar-me durant la cursa i que tantes esperances han posat en el fet que jo ho aconseguiria. O aquesta és l'excusa que em poso i en el fons penso que ho faig per ells per no posar tot el pes de les meves decisions en mi mateix, però no m'aturo i continuo corrent perquè vull demostrar-me a mi mateix que sóc capaç d'aconseguir-ho, i no són els altres, sinó que sóc jo el que m'obligo a continuar?

A les sis de la tarda, la plaça Balmat de Chamonix és plena de gent. És impossible caminar pels carrers i la gent treu el cap per les finestres i les portes dels bars i surt al balcó. Jo intento passar entre la multitud i passar desapercebut entre fotògrafs i aficionats que han vingut a veure la més mítica i prestigiosa Ultra Trail del planeta. Alguns aprofiten per demanar-me un autògraf o fer-se una foto amb mi, i tots em feliciten i em desitgen tota la sort per a les pròximes vint hores. «Però, si ni tan sols hem començat a córrer, per què em feliciten?», penso. Com deia, a la sortida, tots som iguals. No es pot diferenciar entre una persona i una altra pel que ha aconseguit abans, sinó pel que serà capaç de demostrar. I encara no hem començat. A poc a poc, esmunyint-me saltant les tanques, arribo a la zona de sortida. Miro al meu voltant. Tots són grans corredors que només de sentir els seus noms em fan respecte, perquè han escrit línies d'or en la història d'aquest esport. Segurament m'esperarà una llarga i dura batalla amb aquestes cares conegudes per les revistes i que corren de boca en boca per poder aconseguir també formar part d'aquestes pàgines. Però miro endarrere, on milers de corredors també esperen el tret de sortida amb els braços aixecats. Ells també hi seran per donar molta guerra, però una guerra en la qual no es tracta d'eliminar els rivals, sinó una guerra de companyonia i en la qual la batalla és interna i els rivals són les motivacions per continuar endavant. Estic a la primera fila i no m'agrada; em col·loco a la cinquena. Prefereixo sortir tapat i pensant que la cursa ja posarà cadascú al seu lloc.

Mentre parlem animadament amb els altres corredors, donen el tret de sortida amb la música de Vangelis cada cop més forta, fins que els crits de la gent emmudeixen en els pentagrames de «la conquesta del paradís». Es veu l'emoció dels corredors a les seves cares. Plors, somriures, cares serioses... Cadascú discuteix dintre seu l'emoció de viure una de les aventures més increïbles de la seva vida i al mateix temps la por de saber si serem capaços de portar-la fins al final. Si el cos i la ment resistiran.

La gent surt a tota velocitat, potser per escurçar els quilòmetres al més ràpidament possible o per intentar evadir aquests pensaments i deixar-se portar pels crits d'ànim de la multitud que els empeny esprement totes les seves forces. Vaig avançant posicions i en sortir de Chamonix ja sóc al capdavant de la cursa. M'agrada controlar les curses des d'aquesta posició; així sembla que el control sigui teu, que no se't pot escapar cap moviment i que pots saber l'estat de tots els corredors.

De seguida ens quedem al davant un grup de sis corredors, tots d'entre els favorits. Anem parlant de com ha estat la preparació, felicitant-nos per les curses respectives i plantejant-nos reptes nous per al futur. Tot i que els temes de conversa serien inacabables, cada vegada surten menys paraules a l'aire, a mesura que s'accelera el ritme i augmenta el pendent.

Arribem a Saint Gervais, on ens esperen milers d'espectadors cridant darrere les tanques, i, en passar l'avituallament, ens escapem amb el Dawa Sherpa, com l'any anterior en aquest mateix punt. Aquesta vegada, però, noto que els altres corredors em miren diferent, em parlen diferent. Per què m'han de considerar un rival, ara que ja he demostrat el que valia, i no pel sol fet d'estar corrent amb ells? El que pot fer una persona en una cursa no ho diuen les classificacions de les curses que ja ha acabat, sinó el que està demostrant en els passos de la que està corrent. L'any passat era un desconegut, i molta gent es pensava que era un espàrring que sortia donant-ho tot, però que explotaria més endavant, i aquest any ja em veuen com un corredor amb experiència, mentre que, entremig, només hi ha una Ultra Trail. Quina és la diferència? Què és el que ha canviat?

Unes quantes hores més tard estic sol. Les llums darrere meu ja han desaparegut i davant meu només hi ha la nit, el vent i el camí. Escolto la meva respiració i intento que concordi amb els meus passos per trobar un ritme i buscar una referència per seguir. Vaig pensant en el que tinc al davant; al cap de deu minuts arribaré al coll, al cap d'una hora al llac... Intento posar-me objectius per donar una raó als meus passos i seguir avançant. Però les hores van passant i, envoltat de negre, el temps es perd en el cercle blanc que al terra reflecteix el focus del meu frontal. Entro en una espiral difícil de sortir-ne, en què les meves referències externes es perden i l'únic que m'uneix amb la realitat és la font de llum que il·lumina el següent metre del camí. Estic en el meu interior i les històries comencen a aparèixer com si el meu cap busqués sentit al que estic fent. Em converteixo en un fugitiu que s'escapa de la policia per la muntanya, en un cavaller medieval que s'escapa de l'exèrcit que el persegueix, o estic perseguint uns bandits que m'han calat foc a la casa. I, en arribar el dia, he caigut tan endins de l'espiral que ja no sóc capaç de sortir-ne, i només en breus moments de lucidesa el meu cap torna a la realitat.

Ja ha passat el migdia quan, baixant cap a Chamonix, alguna cosa m'estira cap amunt, em torna a portar al món que hi ha fora de les parets del meu crani. És un moment que desitjava amb gran anhel, des que vaig començar a caure, perquè significa la fi, retornar a la normalitat. Ja començo a sentir l'escalfor del sol sobre la pell, la meva respiració sorollosa i la suor que em cau per la cara. Sento com criden el meu nom per megafonia i com milers de persones el canten alhora. Sento com arriben les emocions, tinc ganes de plorar i de riure, de cridar d'alegria, però encara no controlo el meu cos, encara hi ha una part que busca la sortida de l'espiral. Em marejo, hi ha tanta llum que no veig les cares, hi ha tant soroll que no sento res, hi ha tantes mans que em toquen que no controlo els meus moviments. Ha estat massa brusc, en pocs minuts he volgut passar de la solitud del meu interior, de la calma i el control d'un mateix, a l'explosió del món exterior.

Jo sempre m'he considerat més alpinista que corredor i, a la muntanya, només has de pujar fins al cim si ets capaç de tornar-lo a baixar. I per baixar del cim de la competició, t'has d'oblidar de tu mateix, però també has d'oblidar el que t'envolta per tornar a ordenar les emocions després d'una victòria, tornar a treballar per deixar el passat endarrere. I fins que no has tornat a baixar, no et pots preparar per a una nova ascensió.

Avui no és un dia D; avui no hi ha milers de persones cantant el meu nom ni càmeres per enregistrar cadascun dels meus passos i de les meves paraules. Avui el meu rendiment no ha de ser excepcional, avui ningú no sap on sóc i ningú no sabrà com m'he trobat. Estic pujant amb esquís cap a un cim afilat del qual desconec el nom. Fa tres hores que he sortit de casa amb els esquís i, després de saltar un parell de colls, m'he trobat davant d'una magnífica agulla. No en conec el nom, ni l'alçada, si és difícil o fàcil. Qui va ser el primer a pujar-la o si algú hi ha pujat. Però no puc desviar la vista d'aquesta magnífica agulla i evitar que els meus passos em condueixin cap al seu peu, mentre la meva mirada busca el camí més senzill per pujar fins al cim. Veig una canal amb un passatge de roca al mig que porta quasi fins al cim i que sembla força practicable.

Segurament, no és el més raonable pujar per aquella canal tot sol, sense que ningú sàpiga on he anat i sense saber quina és la dificultat i els perills que s'hi poden amagar, però no puc evitar de seguir el magnetisme que m'empeny a pujar-hi. Per què? Perquè toca. No és que ningú m'hi obligui, al contrari, ni segurament és el millor per al meu entrenament. Però, igual que les setmanes que em plantejo fer 25.000 metres de desnivell, l'única raó que puc donar és perquè toca. No hi ha cap raó. Només seguir el magnetisme que m'empeny cap a ella, com si fos una noia preciosa que amb el seu encant m'hagués embruixat. Ho he de fer per mi, perquè ho he de provar i saber si sóc capaç d'aconseguir-ho.

La canal és fàcil i començo a pujar ràpidament amb les botes que s'enfonsen a la neu per dibuixar una traça perfecta. A mesura que vaig pujant la canal es va fent més dreta i la neu més dura. Cada vegada costa més clavar les botes a la neu i maleeixo haver-me deixat els grampons a casa. Però, tot i això, no puc fer mitja volta, l'atracció és tan forta que no puc girar. S'acaba la neu i començo a grimpar per la roca. Els passos són delicats i he d'assegurar que cadascun dels meus peus i les meves mans estan ben col·locats i la roca no es trencarà per poder continuar pujant. Trigo més d'una hora a superar una vintena de metres de desnivell. Però, per què no baixo? Per què no torno a casa i a la seguretat? Ningú no sabrà si he trigat vint o vint-i-un minuts a pujar el coll, si he arribat fins al cim o m'he quedat al coll. Avui arribaré a casa, em prepararé el sopar i aniré a dormir. I demà segurament oblidaré el que he fet avui i ningú, ni tan sols jo, no sabrà si vaig acabar la canal. Però no puc fer mitja volta. És egoista. És egoista posar la meva vida en perill, no per mi, que en el fons seria el més perjudicat, sinó per tota la gent que m'estima, per la meva família, els meus amics i tota la gent que ha apostat i ha treballat amb mi. És un capritx de la meva ment que pot fer-ho anar tot en orris. Per què ara no hi són ells? Perquè ara no hi ha aquesta força que m'ha fet continuar endavant durant l'Ultra Trail del Mont Blanc, la Diagonale des Fous i tantes altres? Per què allà vaig continuar per ells i ara aquesta força no em permet de fer mitja volta? És potser més forta la força que, com un llop solitari, m'impulsa a seguir les atraccions més banals, sense pensar en res més? Potser s'ha de trobar l'equilibri entre les dues forces per poder continuar corrent per tu i pels altres, però on és aquest equilibri? Quin és el límit entre el fet que vulguis anar més lluny per acontentar els altres i perdre la teva personalitat i la teva motivació? Quin és el límit entre seguir aquesta personalitat i no posar-te en perill pensant en els altres?

7

Córrer lluny per trobar-se un mateix

Noto com cada fibra de la meva cama dreta es contrau en posar el peu a terra, des de la punta dels dits, passant pels bessons, els tibials, i continua pels quàdriceps quan el taló toca a terra. Però la contractura no s'atura, totes les fibres del meu cos es continuen escurçant, mentre el cervell els envia l'ordre de relaxar-se, d'aturar aquesta acció que em fa sentir el formigueig dels músculs, i just després una sensació que el múscul està a punt d'explotar, per acabar amb una fiblada que em recorre dels peus al cap. La cama està rígida, com si el dolor que sento fos causat pel fet que la sang i els músculs es convertissin en ciment per construir una escultura, mentre jo, des del meu interior, intento trencar aquesta roca, lluitant contra els meus propis músculs. A vegades ho aconsegueixo i puc escurçar el pas i evitar que les rampes es continuïn estenent pel meu cos i passin als braços, a l'esquena, i fins i tot a la mandíbula. Però la majoria de les vegades, els músculs són més forts que les ordres i la cama, rígida i inamovible, impacta a terra, pesada, sense deixar-me amortir el xoc ni controlar on pot col·locar el peu, i em fa caure a terra, on, sortosament, puc arronsar les cames i esperar uns segons perquè les rampes m'abandonin per un moment, fins que em torno a aixecar i intento fer un altre pas.

El cap em fa voltes, la llum m'encega els ulls i la forta calor es transforma en fred sota la pell. No estic bé. Sento un lleuger mareig que m'impedeix fer els moviments més simples sense un gran esforç mental. Totes les meves forces, tota la meva energia, estan dirigides a intentar aixecar les cames del terra. No em puc permetre gastar forces escoltant el Jorge com m'anima corrent darrere meu; no puc desviar la vista del punt on vull que caiguin els meus peus per mirar com el sol s'amaga rere les muntanyes californianes. Com si hagués de tornar a aprendre a caminar, a moure els dits de les mans per agafar un got d'aigua o simplement a controlar els meus músculs per mantenir-me dret sense caure a terra. No em puc permetre cap plaer, cap concessió al meu cervell; si ho faig, si deixo que el meu cap s'envoli en els seus pensaments, les cames deixen de funcionar i el cos se'm desploma a terra, sense força, mort, com si fos un titella de fusta, que necessita que algú, en aquest cas el meu cervell, l'aguanti, pensi quin fil ha d'estirar per aixecar una cama i l'estiri per poder avançar. No és una sensació agradable, però és l'única manera d'avançar impedint que els meus músculs perdin el control i em torni a precipitar a terra. «Passos petits, sense moviments bruscos i una amplitud muscular petita», em repeteixo per evitar l'inevitable.

Pum, pum, pum. Què és això? Fa hores que l'únic que sento són els crits d'ànim del Jorge i les veus dels voluntaris quan arribem a un control. Ara som lluny de qualsevol control. Queden quatre milles per a l'arribada i l'últim control l'hem deixat fa dues milles. Què és aquest soroll? Pum, pum, pum. Cada vegada és més fort, més ràpid. Sento uns crits darrere meu. Crits d'ànim? El Jorge em mira preocupat: «*Venga, Kilian, es hora de darlo todo, ya estamos llegando. ¡Venga, fuerza!*».

Ara ho comprenc: són passos. Darrere meu s'està acostant un corredor, i pel que puc intuir en sentir el ritme dels passos i els crits d'ànim del seu entrenador, cada vegada més forts i més clars, s'està acostant a gran velocitat, com si es tractés d'un guepard que està recorrent els últims metres abans de caçar una gasela: ja la veu, ja sent la seva olor, ja quasi la pot tocar i no es pot resistir al fet d'atacar-la somrient, a assaborir-la. El Jorge em torna a mirar preocupat; intento accelerar el ritme, jo ho puc fer, per mi, pel Jorge, que ha vingut a acompanyar-me, per tot l'equip, jo sóc capaç! Però les cames no em responen, a cada pas noto com les fibres es tornen a contracturar, com si es transformessin en agulles de cristall, i em paralitzen tot el cos. No em queda res, no em queden forces, les cames no obeeixen les ordres que els envio, però, sobretot, no em queda esperança. Els passos darrere meu cada vegada se senten més forts, un pum, pum amb ritme, amb força. Ja sento amb claredat com el seu peu rasca el terra per accelerar a cada pas, sabent que la seva presa ja és a prop.

San Francisco és una ciutat increïble, bullent, sense repòs. Com que el meu vol ha arribat unes quantes hores abans del que porta la resta de l'equip, puc gaudir d'un dia sencer per conèixer aquesta ciutat. Sense perdre gaire temps, deixo la maleta sobre el llit de l'habitació d'un cèntric hotel, sense desfer-la, només en trec i em poso les vambes i surto corrent en direcció oest, buscant l'oceà Pacífic. Girant la primera cantonada em trobo al Market Street, en ple centre. A primera hora de la tarda la ciutat és una ebullició de persones diferents: sorollosos estudiants que tornen lentament cap a casa; uns turistes alemanys que fotografien el tramvia que segueix els famosos canvis de rasant de la ciutat; un grup d'executius que acaben de sortir de l'Apple Store, on han adquirit les últimes novetats, passen al costat d'un *homeless* que demana caritat a un grup de *punks* xineses... Fa calor, es nota la xafogor del mar, és un plaer poder córrer just amb uns pantalons i una samarreta de tirants, sobretot ara, venint d'unes setmanes en què per sortir a entrenar era imprescindible equipar-se amb malles llargues, gorro, guants, i amb l'alè que formava un núvol de baf a cada respiració. Ahir mateix, a la Cerdanya, tornava del Carlit amb els peus gelats i xops de la neu que hi havia a les cotes altes!

Segueixo el Market Street fins a arribar al Golden Gate Park, on tot d'una passes de la part més cèntrica i amb edificis més alts de la ciutat a submergir-te en plena natura, entre arbres alts, prats, llacs, molts esquirols i fins i tot algun bisó. No hi ha millor manera de conèixer una ciutat que descobrir-la corrent! Es comença a sentir una lleugera brisa quan m'acosto al Pacífic, i una vegada allà segueixo la costa cap al nord-est fins a arribar al Golden Gate...

Quatre hores més tard, després d'haver descobert la ciutat i d'haver-me tret les ganes de córrer després de tantes hores de viatge, torno a ser a l'hotel preparant el material amb la resta de l'equip per anar cap a l'interior, cap a la muntanya.

La Western States és l'Ultra Trail més coneguda i prestigiosa de l'altre costat de l'Atlàntic. Les seves 38 edicions en fan una de les curses de llarga distància amb més història. De fet, es tracta d'una antiga cursa de cavalls, anomenada Tevis Cup, que se celebrava cada any unint l'extrem oest del llac Tahoe, a Squaw Valley, amb Aubrun, 100 milles més a l'oest. Va ser l'any 1974 quan el genet Gordon Ainsleigh, que en aquella època tenia vint-i-set anys, veient que el seu cavall s'havia ferit la pota el dia abans de la cursa i pensant que no havia fet el viatge fins a Squaw Valley en va, va decidir participar de totes maneres a la cursa, tot i que sense cavall. L'organització, sorpresa però convençuda que seria impossible que acabés, el va deixar participar, i no tan sols va acabar, sinó que no va arribar gaire més tard que els altres genets, amb un temps per sota de les vint-i-quatre hores. A partir d'aleshores, en el mateix traçat, es disputa cada any la Western States 100, una cursa de 100 milles, és a dir, 160 quilòmetres, corrent.

Són les quatre del matí quan sona el despertador. No em costa aixecar-me del llit, he dormit bé i els nervis previs a la competició fan que el cos s'activi en sentir el primer *ring* del rellotge.

Miro per la finestra, el cel encara és negre, però es comencen a veure alguns punts lluminosos dels frontals dels corredors més matiners que han sortit a escalfar pel gebre que cobreix les pistes d'esquí d'Squaw Valley després d'una freda nit a més de 2.000 metres d'alçada. Dins de l'habitació la temperatura és confortable, no hi fa una calor excessiva però es pot estar tranquil·lament amb samarreta de màniga curta. La roba que faré servir per a la cursa està plegada sobre la cadira. Faig una última ullada ràpida per comprovar que hi sigui tot, com vaig fer ahir abans d'anar a dormir: els mitjons, les vambes, els pantalons, el xip, la samarreta amb el dorsal ja col·locat amb els quatre imperdibles... perfecte! Em faig una dutxa ràpida per acabar de despertar els músculs, abans d'esmorzar un tros de pastís que vaig preparar ahir al vespre. Falta una mitja hora per a la sortida quan baixo cap a la zona d'escalfament.

L'excitació es comença a notar quan ens trobem uns quatre-cents corredors estrets en poques desenes de metres esperant que el director de cursa dispari un tret al cel. Se senten crits d'ànims del poc públic que s'ha llevat a les cinc per veure com la filera de corredors puja cap als cims nevats. Alguns corredors responen amb crits de motivació. Es pot respirar en l'aire la tensió d'abans d'emprendre aquest camí, que durarà unes setze hores per als més ràpids, però més de trenta per als corredors menys experts. La tensió, però, és diferent de la que es pot respirar a la sortida d'una gran cursa europea, en què els corredors, des dels que surten per a una posició d'honor fins als que surten per acabar, tenen un gran neguit per saber com es trobaran, si la preparació haurà estat bona, si els sacrificis fets per arribar a la cursa hauran valgut la pena i si seran capaços d'arribar amb el temps que s'han proposat. Cada cursa és a vida o mort, no es pot fallar, i això fa que abans de sentir el tret de sortida es pugui tallar l'ambient amb ganivet. Aquí, segons abans de la sortida, cap dels corredors pensa en el seu cos, en la importància de la cursa. Simplement, se sent l'excitació de participar en aquesta aventura personal de cadascú. Si bé hi ha molts corredors que ambicionen baixar de les vint-i-quatre hores ara a la sortida, durant la cursa aquesta raó serà la que tindrà menys importància. L'important és gaudir del paisatge, corrent a un ritme còmode, que ens pugui dur al més lluny possible, i a poc a poc serà el nostre cos el que s'anirà trobant a través de la natura amb el seu ritme natural i serà aquest el que decidirà si som capaços d'arribar a Abrun i en quant de temps.

Quan les primeres clarors comencen a sortir des de l'est, des de darrere del llac Tahoe, quan el cel comença a deixar enrere el negre per començar a mostrar tonalitats verdes, sona un fort espetec del canó d'un revòlver i els quatre-cents corredors comencem entre crits d'ànim a desfilar cap al llunyà oest.

Les primeres hores de cursa són realment tranquil·les. Som una desena de corredors que avancem a pocs metres de distància, parlant de les diferents curses que hem corregut cadascú, del que ens havia impressionat, agradat o desagradat, dels entrenaments de les últimes setmanes, del material que portem, de corredors i amics en comú. En definitiva, com si es tractés d'una sortida d'entrenament llarga entre un grup d'amics que fa dies que no es veuen i tenen ganes de posar-se al dia. Durant aquestes primeres hores de cursa dubto molt si atacar, si agafar el meu ritme fort des del principi. Em sorprèn aquest ambient distès i aquest ritme de cursa, que, tot i ser ràpid, és còmode. Penso que una sortida així seria impossible a Europa, on, fins i tot en una cursa de quasi vint-i-quatre hores com l'Ultra Trail del Mont Blanc, la sortida sempre és al cent per cent de les nostres forces, on els atacs comencen als primers quilòmetres i on tots els corredors proven, perdó, provem de tenir la mínima oportunitat per rascar uns segons, mai no se sap si després els necessitarem.

Realment, aquí, a la Western States, sembla que se segueixi un ordre més lògic, menys agressiu o competitiu, i que un grup d'amics surtin a córrer i la selecció vagi arribant per a aquells que, per cansament, per aturar-se o per altres problemes de la llarga distància, no poden seguir el ritme dels capdavanters. D'aquesta manera, sense cap atac o canvi de ritme marcat, a la pujada que ens du a Robinson Flat, al quilòmetre trenta, els corredors es van quedant progressivament fins a trobar-nos sols amb l'Anton Kupricka, una força de la natura, un corredor alt i fi, amb una llarga barba i cabellera de color castany, de cos marcat per les hores al sol corrent per les muntanyes de Boulder i que corre tan sols amb uns pantalons curts i unes vambes, sense mitjons, ni samarreta; això sí, com tots els altres corredors americans, porta a cada mà una cantimplora d'aigua fresca. També ens acompanya el Geoff Roes, un corredor d'Alaska, amb una mirada felina i, tot i que més discret que l'Anton, em sorprèn pel seu pas fàcil i senzill, però altament eficaç. Com seguint les agulles d'un rellotge, els nostres passos segueixen un ritme continu, cíclic. Mai un esforç de més per pujar una petita remuntada, però tampoc una pausa per parar a beure aigua, per alleugerir les cames o per als avituallaments. A part de la capacitat que tenen l'Anton i el Geoff de mantenir aquest ritme tan constant, sorprèn el fet que no s'aturin mai als avituallaments, ni a perdre uns segons per menjar unes galetes o uns trossos de fruita, ni a beure amb tranquil·litat un got d'aigua ben gelada. Només s'aturen per canviar els bidons per uns de plens i continuar amb el mateix ritme, així de senzill.

Les hores van passant i no sé si per manca de temes de conversa, si perquè ja ens ho hem explicat tot o, malauradament suposo que és la raó correcta, perquè el pes de les hores i els quilòmetres es comença a notar, ens entra la timidesa i les converses es van apagant. La temperatura va augmentant a mesura que ens acostem als Canyons, a poc a poc però de forma també constant, i fa que comenci a sentir com la suor em cau pel front i deixa una capa enganxosa en braços i cames. La roba comença a fer-se pesada i a cada avituallament es fa imprescindible un bany d'aigua glaçada per sobre el cap i beure força aigua amb glaçons.

La monotonia es va apoderant de mi. No estic acostumat a córrer en aquest terreny, de pistes amples i bastant planes. El paisatge de muntanya de les primeres hores ha quedat enrere i ja fa estona que només veiem camps i boscos d'herba seca i pistes polsoses. El ritme acompanya el terreny; com que no hi ha grans canvis de desnivell, tots els passos són idèntics. Ni un sol pas ni més llarg ni més curt, ni una baixada per llançar-se o una pujada per caminar. Sumant-hi la calor, que cada vegada es fa més insuportable, aquesta monotonia m'està adormint, deixa el meu cos, però sobretot la meva ment, dins d'una bombolla difícil de trencar. Jo sóc un corredor d'atacs, de canvis de ritme, de pujades per accelerar i baixades per reposar o rellançar. A mi, aquest ritme continu i monòton m'està matant!

Per sort, al cap de poca estona arribem als Canyons, l'únic desnivell important de la cursa. Es tracta de travessar dos rius que creuen de nord a sud el recorregut. El sender es fa estret i amb pendent per baixar i pujar dues vegades uns centenars de metres, abans de tornar a la monotonia durant unes setanta milles més. Una vegada arribats al cim del primer canyó, comencem a baixar el fort pendent. El camí fa zigues-zagues estretes i seguides. Com que des de fa estona l'Anton marca el ritme davant nostre, el seguim el Geoff, enganxat als seus talons, i jo, al meu torn, enganxat als del Geoff, però sembla que el canvi de terreny no alteri el pas controlat dels meus companys. Apujo el volum del meu iPod i busco una cançó. Em dic a mi mateix que quan la trobi començaré a anar al meu ritme. Comencen a sonar els primers compassos de la *Suite per a orquestra número 3* de Bach, quan començo a deixar-me endur per la melodia i a volar planant per sobre el camí, gaudint dels seus viratges, frenant bruscament un parell de metres abans, i rellançant el ritme a mitja corba. Aprofitant els obstacles que ofereix el terreny per jugarhi, per saltar-los, per accelerar, per esquivar-los amb el cos..., en fi, per trencar aquesta monotonia i tornar a sentir les sensacions d'adrenalina que busquem corrent per la muntanya.

Al cap d'uns minuts miro enrere: no es veu ningú. No han intentat seguir-me en aquesta baixada per trencar el ritme. Continuo baixant com m'agrada, gaudint del terreny i de les opcions que m'ofereix per divertir-me, com si en comptes d'anar corrent estigués sobre una bicicleta de muntanya o sobre els meus esquís. Arribo al fons del canyó i abans de travessar el pont per iniciar la pujada aprofito per baixar al riu a refrescar-me. La xafogor al fons del canyó és insuportable i talla la respiració. Poso el cap dins del riu i aprofito per mullar també la gorra i la samarreta, i amb la breu però eficaç frescor en sortir del riu començo la pujada amb l'Anton just darrere meu. Ell també s'ha llançat a la baixada, deixant el Roes endarrere. La xafogor sembla que no disminueix a mesura que anem pujant, sinó al contrari. A dalt del segon canyó, la sensació de calor és tan gran que m'he d'asseure un moment i tirar-me una bona galleda d'aigua amb gel per sobre, abans de passar el control de pes.

En quatre o cinc moments durant la cursa, en arribar al control, ens esperen uns voluntaris amb unes balances per pesar-nos i, si hem perdut un deu per cent del pes a la sortida, estan obligats a no deixar-nos sortir fins que no mengem i beguem el necessari. Aquesta vegada els voluntaris de la balança m'avisen que estic al límit del pes.

Tot i el cop de calor que he sofert als canyons sembla que aquí dalt l'aire comença a córrer una mica i això em reanima. Les sensacions són bones, les cames encara estan fresques i les forces guardades. El ritme de la cursa és ràpid però confortable i ja n'hem superat més de la meitat.

A Foresthill, a la milla seixanta, la cursa deixa de ser una aventura individual amb altres corredors. A partir d'aquí fins a l'arribada estarem acompanyats pels nostres entrenadors, o llebres, que correran amb nosaltres, sense poder donar-nos menjar o beure, però seran una ajuda imprescindible per mantenir el ritme i per motivar-nos en els moments durs que solen arribar en els últims quilòmetres de les curses de llarga distància. El meu primer entrenador és el Rickey Gates, un corredor americà, d'Aspen, i un especialista en curses de curta distància i de pujada. Amb el Rickey ja he coincidit diverses vegades en curses com Sierre Zinal, on sempre ha fet grans resultats.

I, com si els segons es dividissin, sense temps de beure ni menjar, marxem de Foresthill els dos corredors amb els entrenadors respectius per endinsar-nos a la part baixa de la cursa. La calor de les primeres hores de la tarda es comença a fer insuportable, es fa difícil respirar amb normalitat, a cada expiració sembla que l'aire em cremi la gola i, quan intento beure, l'aigua amb la qual he emplenat la cantimplora cinc minuts abans, ja està bullint, ja no serveix ni tan sols per llençar-me-la per sobre la gorra per mullar-me els cabells. Intento posar-me glaçons entre la gorra i el cap, al voltant del coll, mullar-me amb aigua tota la roba, però la calor augmenta i el meu cos no és capaç de refrigerar-se. Les forces estan intactes, el ritme constant no ha castigat gaire el meu cos i encara tinc un o dos cartutxos que penso guardar per més endavant. Però la deshidratació i la manca de sals comencen a fer-se sentir quan comencem a baixar per creuar el famós Rucky Chucky River. Petites espurnes de rampes comencen a aparèixer al meu bessó dret, després a l'esquerre i algunes més es comencen a dibuixar als quàdriceps. No he parat en cap control per beure el necessari i no he menjat res durant tota la cursa, ni un sol entrepà o pastís que em pogués aportar les sals necessàries. El ritme de l'Anton i el Geoff de no aturar-se als controls m'ha fet oblidar l'alimentació, i ara en començo a pagar les conseqüències. Intento treure'm del cap aquestes idees, només ens queden trenta quilòmetres i una cursa que cal gestionar bé, saber aprofitar els cartutxos que em queden en el moment adequat. A deu quilòmetres de l'arribada hi ha una última pujada que pot ser un bon moment per utilitzar-los, guardant-ne una punteta per a la pujada dels últims cinc... Com m'agrada pensar la tàctica de les curses, jugar a planificar-les mentre vaig corrent. Pensant l'estratègia de les últimes hores arribem al riu, que baixa amb un fort cabal de la fosa de les neus de la Sierra Nevada californiana durant les últimes setmanes. Amb aquest cabal, l'organització ha previst una barca per fer-nos creuar de la riba est a l'oest. Pugem a la barca tots quatre i aprofitem aquests moments de descans per relaxar-nos, tancar els ulls i respirar.

Salto de la barca al riu, l'aigua és freda i corre amb força contra el meu cos, refrescant totes les fibres musculars, esborrant la suor de tota la pell. El meu pols també respira frescor i baixa unes desenes de pulsacions. Submergeixo el cap dins de l'aigua deixant que corri entre els meus cabells i que l'atrapin almenys per deixar-me aquesta sensació de benestar durant uns minuts més. Al cap d'un minut surto de l'aigua renovat, sembla que la frescor de l'aigua no tan sols ha calat els meus músculs i la meva pell, sinó també l'esperit. Surto del riu i començo a caminar. L'Anton està uns pocs metres per davant meu. Començo a córrer per arribar a la seva altura, però les cames no em responen! Sembla que l'aigua no tan sols hagi refrescat els músculs, sinó que n'hagi gelat les fibres, que ara son rígides. Una forta estrebada em recorre des dels bessons fins a dalt dels glutis i em paralitza les cames. Els quàdriceps es contrauen fora de la meva voluntat, marquen totes les seves fibres i s'acompanyen d'una forta punxada que recorre l'interior dels meus quàdriceps, com si intentessin convertir-se en roca, i em produeixen un dolor intens, insuportable, que em fa desitjar que el múscul exploti per deixar endarrere aquest sofriment. Què em passa? És l'aigua freda que m'ha paralitzat el cos? Caminant amb dificultats arribo al següent avituallament. Allà m'espera el Jorge Pacheco, un gran corredor mexicà d'ultrafons que després d'haver fet podi en aquesta mateixa cursa i haver guanyat diverses vegades la Badwater ha vingut a acompanyar-me els últims trenta quilòmetres fins a l'estadi d'Albrun. Intento menjar sals, sodi, beure aigua i refrescar les cames, fer alguns estiraments intentant evitar que les cames es tornin a enrampar, però no hi ha manera d'evitar que, al mínim moviment, el múscul sol·licitat s'escurci fins al seu màxim, sense que jo pugui controlar-ne el moviment.

Només ens queden trenta quilòmetres. Els trenta quilòmetres que haurien d'haver estat ràpids, el moment d'atacar, s'han convertit en més de quatre hores de patiment i desesperació. D'agafar forces, de dir-se a un mateix que és capaç de fer-ho i posar-se a córrer, i deu passos més endavant caure a terra amb les cames encimentades sense control, amb els ulls plorosos del dolor, del dolor físic de les rampes, però també del dolor de no ser capaç de controlar el meu cos, de no saber trobar la solució que em doni esperances. Les rampes ja no tan sols afecten les meves cames. Els peus, les mans, els braços i fins i tot la mandíbula en parlar, s'han unit a la simfonia que, sense poder controlar-la, compon una melodia barroca, de força i descontrol, bruta i agitada, sense deixar que sigui jo el que agafi la batuta del meu cos per dirigir-lo cap al destí.

Així, entre minuts de ràbia corrent, minuts de desesperació caminant i minuts de sofriment al terra, intentant estirar les cames, els quilòmetres semblen milles i les milles unitats d'eternitat. L'Anton i el Geoff ja fa estona que han desaparegut cap a l'horitzó, mentre que el Jorge i jo intentem lluitar contra aquesta eternitat per arribar al nostre destí, sabent que encara que ara mateix tot el que s'allunyi d'un final de negre dolor em sembli fruit del record de la sensació d'un somni d'innocència llunyà, sé que, en el fons, el nostre destí en creuar les portes de l'estadi que ens espera al final del camí serà la felicitat d'haver lluitat fins al final, la felicitat d'haver portat el meu cos fins on ha estat capaç. Tot i que, en el fons del meu cor, no sé si abans arribarà la imatge del meu somni o el son profund de la paralització total del meu cos, com en aquell somni que tenia abans de les curses, on m'anava apagant, fent-me pesat i pesat fins a fondre'm amb el paisatge calorós de Califòrnia.

Sento la seva respiració darrere el meu clatell quan el sol es pon davant meu. L'esperança és l'últim que es perd, però en aquestes condicions, els músculs ja m'han abandonat i les cames no em responen per tornar a provar d'accelerar. Ja fa hores que s'han oblidat de córrer i només són capaces de compondre un suau trotar que em permet de protegir-les de les contractures i rampes que m'han acompanyat durant les últimes tres hores. Em giro per primera vegada per comprovar que els passos i les veus que sento no són fruit de la meva imaginació, tot i que l'expressió i el nerviosisme del Jorge ja m'ho han confirmat. Un home gran, de constitució forta, amb una samarreta groga conjuntada amb el seu dorsal d'entrenador, una gorra blanca, uns pantalons curts foscos i un bidó a cada mà, puja corrent a un ritme fort uns deu metres darrere meu. Clavat als seus passos, com sincronitzat darrere seu, un altre home de cabells i barba llarga, sense samarreta i amb dos bidons igualment, també puja amb facilitat per l'últim pendent de la cursa. És el Nick Clark, el reconec de la presentació de corredors d'elit el dia abans de la cursa. Vam estar parlant una estona, però ara mateix sóc incapaç de recordar ni en quin estat vivia. Em poso a córrer al costat dret del camí, deixant pas perquè el tàndem perfectament sincronitzat pugui avançar-me amb comoditat i no m'atropellin. Al cap de pocs segons sento com corre l'aire a la meva esquena i en alçar la vista del terra veig com l'esquena del Nick s'allunya pel camí.

«Venga, Kilian, ahora es el momento de alcanzarlos. Tú eres más fuerte para seguir este ritmo, tú eres capaz de aguantarlo. Ya se terminó la subida, sólo quedan unos cien metros, media milla y luego ya tres millas de asfalto hasta la meta. Venga, Kilian, que él también está cansado.»

Miro als ulls del Jorge, no sé si la seva mirada és de convenciment o de desesperació. Sóc capaç de fer-ho? Ho he de provar. Encara que només sigui per obeir els desitjos del meu entrenador. El meu cos ja fa hores que ha deixat d'obeir les meves ordres. Compto fins a deu respirant profundament, tanco els ulls i agafo tot l'aire que puc. Deixo de clavar la mirada al terra i aixeco la vista per localitzar el meu objectiu. Uns vint metres al meu davant hi ha el núvol de pols que aixequen el tàndem perfecte i, just a sobre, l'esquena del Nick. No pararé, no escoltaré el dolor ni abaixaré la mirada fins que els meus peus formin també part d'aquell núvol de pols. Accelero, les meves cames tarden uns segons a reaccionar abans de tornar a avisar-me amb punxades i rampes d'una imminent paralització. Però ara, les meves ordres són més fortes, poden trencar la roca que vol envair els meus músculs i el meu cervell, concentrat en el moviment de l'esquena que s'acosta davant meu, no té lloc per atendre el dolor.

Lluny, com si ens separés una paret d'aigua, sento els crits d'ànim cada vegada més forts i més enèrgics del Jorge, que veu com han funcionat les seves ordres i com ens acostem al corredor nord-americà.

Pas a pas, segon a segon, la distància entre nosaltres disminueix, ja només em queden deu metres. «Vinga! Jo sóc capaç de fer-ho!», em repeteixo per a mi mateix. A poc a poc ja torno a sentir la seva respiració forta. Està notant l'esforç que ha fet per deixar-me. Cinc, tres, dos... Ja el tinc! Se m'escapa un somriure. Ho he aconseguit! Miro el Jorge, que no deixa d'animar-me i felicitar-me, veig el seu orgull en la mirada. He estat capaç de vèncer el ciment que em corria per les cames i ara la lluita torna a estar encesa. He deixat enrere la por al fracàs i he trobat el camí de l'esperança.

Faig un parell de passos més tranquil per estabilitzar el meu ritme i, satisfet, reprenc la respiració normal després del sobreesforç. Torno a mirar al terra per concentrar-me en el meu pas i tancar-me en la meva bombolla i, de cop, no sé si és el Nick que fa un canvi de ritme o si són les meves cames les que han tornat a agafar el control després d'uns minuts en què la ment, forta, regnava sobre el meu cos i l'eufòria m'ha fet oblidar el cansament, i, castigant-me per aquesta disbauxa, comencen a enrampar-se amb força per recordar-me que són elles les que finalment decidiran quin és el meu lloc. Al cap i a la fi, el que és important és que l'esquena del Nick torna per segona vegada a allunyar-se per on fa pocs minuts s'ha post el sol.

No, jo no he vingut aquí per perdre l'esperança, per deixar de lluitar quan, a tan sols tres milles de l'arribada, el meu cos diu «prou». No he vingut aquí perquè el meu cos domini la meva ment. On és tot el que vaig aprendre corrent el Tahoe Rim Trail? On és allò que diuen que el múscul més potent del cos és el cervell? On és el poder de la ment d'eliminar el dolor i de fer coses increïbles? I jo no puc ser capaç d'aguantar tres milles corrent ràpidament? No vaig ser jo qui vaig córrer la Vertical Race fa quatre mesos, amb febre, i vaig aguantar i lluitar fins a l'últim moment, atacant i esprintant? No vaig ser jo qui vaig lluitar tots els matins durant la travessa dels Pirineus? Sí que sóc capaç de córrer durant quinze minuts suportant el dolor, suportant el patiment i donant-ho tot, per arribar a la meta exhaust, però satisfet d'haver donat el millor de mi mateix! Jo sóc capaç de fer-ho!

Aixeco el cap del terra, ara l'objectiu no és l'esquena que em segueix rítmicament un centenar de metres davant meu, l'objectiu és l'estadi d'Albrun, saber que he estat capaç de provar-ho. Faig una respiració forta, agafo tot l'aire que puc i el trec amb força. La cursa comença ara i només dura tres milles. Les cames comencen a respondre als meus impulsos. A cada pas he de lluitar per trencar la rigidesa i evitar una nova caiguda, com si es tractés de trencar les cadenes que empresonen els meus músculs, però ara, a cada pas, impulsant amb més força, guanyant més velocitat, les cadenes es van trencant, es desprenen del meu cos i em deixen un moviment més lliure i també fluid. Al cap d'un parell de minuts ja he arribat a l'alçada del Nick, però no és ara el moment de quedar-me enganxat darrere seu. Em poso al seu costat mentre ell i el seu entrenador em miren sorpresos. Un centenar de metres endavant es comencen a sentir els crits d'ànim de l'últim avituallament de la cursa abans d'entrar a la carretera. A partir d'aleshores només ens quedaran dues milles d'asfalt planes, amb una lleugera pujada al final i mitja milla de baixada per entrar a l'estadi. El Nick respon al ritme que he imposat jo sense deixar que l'avanci i es posa a córrer al meu costat. Colze a colze. Com si es tractés d'un miratge, sense aturar-nos, deixem l'avituallament a la nostra esquerra per girar al més ràpidament possible i entrar a l'asfalt. La cursa de 160 quilòmetres s'ha convertit en una de 3.000 metres. No hi ha temps de pensar a beure, de mirar com la nit cau sobre Albrun ni de discutir amb els nostres entrenadors, que criden com bojos darrere nostre. Ens mantenim colze a colze, la mirada clavada al front, sense voler girar la cara per mirar el company i mostrar-li cap signe de debilitat. No es tracta de superar el nostre rival en aquests últims quilòmetres, després de tantes hores de solitud, sinó de demostrar-se a un mateix que s'és capaç de donar el millor, de dir al cos que encara és capaç de córrer de pressa, d'arribar a la meta satisfet, sabent que no podia haver fet més força. A la meva dreta el Nick comença a accelerar, la velocitat és enorme, a més de disset quilòmetres per hora! Em guanya un metre, però encara no li veig l'esquena, cinquanta metres i comença la lleugera pujada d'asfalt. Allà serà el moment de contraatacar el seu atac. Començo a respirar profundament, a estirar les cames intentant acumular forces. És el moment. Augmento la freqüència, la lleugera pujada es comença a sentir i trec totes les forces que tinc. La respiració augmenta, el meu cor està a punt d'explotar i les cames es comencen a bloquejar, fent més difícil que pugui controlar les rampes que comencen a envair els meus isquiotibials. Només penso a accelerar, no serveix de res girar el cap. Mirar enrere és perdre unes dècimes imprescindibles, la concentració. El Jorge comença a cridar com un boig avisant-me que el Nick s'està quedant enrere, serro les dents i accelero més, deu metres, els últims metres abans de la baixada per entrar a l'estadi, cinquanta metres, ja només em queda mitja milla per girar a la dreta i fer la volta a la pista d'atletisme.

Em sembla que és la mitja milla més llarga de la meva vida. Les cames comencen a desobeir, el Nick serra les dents al darrere i l'estadi no apareix per enlloc. Un pas més, accelerar, accelerar, no puc mirar enrere, no puc mirar al terra, he de mirar endavant. I, finalment, apareix davant meu la porta de l'estadi. Tanco els ulls i respiro profundament, ara sí que ho puc dir, ara sí que ho hem aconseguit, hem guanyat el nostre destí i hem trencat el somni. Un gir a la dreta i entro a la claror dels focus que il·luminen els últims 400 metres d'aquesta aventura que ha començat de matinada 160 quilòmetres més a l'est. Els últims passos s'obliden de les rampes per poder donar les gràcies al Jorge per haver-me donat força quan la meva ment ja no en tenia i per saludar el públic que s'ha acostat a veure la nostra arribada. Creuo la línia de meta i caic al terra, les meves cames ja no poden aguantar més temps el foc que les crema i m'abandonen al destí de la gravetat.

Com deia un bon amic meu, de les victòries se n'aprenen poques coses; en canvi, quan les coses van malament, quan les situacions són dures i costa sortir-se'n, quan per aixecar-te has hagut d'intentar-ho cent vegades i cent vegades has tornat a caure i a la cent una has aconseguit trobar la solució, és quan en treus coses positives, quan madures i aprens a conèixer-te millor. La lesió de la ròtula va ser un moment important, i la Western States també em va fer aprendre a conèixer-me millor, a saber com actua el meu cos i la meva ment, a saber com lluitar millor i, essent pràctics, a alimentar-me i hidratar-me millor.

8

Un cim es corona quan hem aconseguit baixar-ne

Encara que no han passat ni tres mesos des de l'aventura americana, l'estiu ha estat molt intens i ho veig tot molt llunyà, des del Barranco Camp, a 4.000 metres, sota la paret *somital* del Kilimanjaro. Però en el fons, el desig és el mateix que als Estats Units, el de recórrer amb la sola ajuda de les meves cames per donar el millor de mi mateix, i així arribar a trobar els meus límits, per conèixer-me millor. En aquest cas, els límits perseguits no seran la calor i la distància, sinó al contrari, la reacció del meu cos a l'alçada i la velocitat en els terrenys més tècnics. Mai no m'ha agradat etiquetar-me en una sola especialitat, crec que això et limita en el coneixement de tu mateix, i amb això no vull dir que m'agradi fer una mica de tot però res bé; al contrari, el que faig, m'agrada preparar-ho al màxim i ser al més competitiu possible. Però dintre d'una activitat, la variabilitat ens permetrà d'explorar el nostre cos i la nostra ment en tots els racons. M'agrada sentir el gust de sang a la boca quan faig una cursa de relleus o una Vertical Race d'esquí de muntanya, igual que m'agrada sentir la buidor d'una cursa de llarga distància. Cadascuna em fa conèixer una part de mi mateix, i no tan sols del meu cos, perquè és evident que quan portes corrent quaranta hores i caus a terra, saps que el teu cos és capaç de córrer quaranta hores, aquest és el teu límit. I de què em serveix, això? Absolutament de res. Però què és el que ha après a fer el meu cos i com la meva ment ha estat capaç de motivar-me i de concentrar-se durant aquest temps, fins i tot quan pensava que no seria possible, sí que em serveix i em servirà per saber el que puc aguantar. Saber que en trenta-un minuts sóc capaç de recórrer mil metres de desnivell tampoc no tindrà utilitat en un món en el qual la tecnologia és capaç de transportar-nos a velocitats inimaginables, però sí que em servirà per saber que els meus músculs són capaços de continuar funcionant quan l'oxigen els manca i que jo seré capaç de concentrar-me al cent per cent, d'aïllar-me del món exterior, per preparar-me i per lluitar per aconseguir-ho. L'objectiu pot ser un quilòmetre vertical, una Ultra Trail, una marató, però també tocar una peça de música, acabar de pintar un quadre, resoldre una teoria, uns estudis. El que és important no és el resultat, sinó el camí que has fet per arribar-hi.

I aquest camí es fa més evident a Tanzània, on l'aire que ens envolta és totalment diferent del de la resta del món, on hem tornat encara que només sigui una miqueta als orígens. I no em refereixo als orígens de l'ésser humà, que va començar a caminar i a córrer al voltant d'aquestes muntanyes, sinó al fet que aquí l'artificialitat es redueix bruscament, la natura és la que imposa les seves lleis i l'home és el que ha d'adaptar-se per avançar.

Fa una setmana que dormim als campaments per acostumar-nos-hi i les rutines de la vida a les tendes ja s'han instal·lat per poder avançar amb automatismes, sense perdre temps ni gastar energies. El dia a dia és senzill i es limita a fer el més imprescindible. Ens llevem al matí, quan el sol comença a escalfar a través de les teles de les tendes, i després d'un petit control mèdic en què mesurem la saturació d'oxigen a la sang, la respiració i el pols per comprovar que ens estem adaptant bé i per descartar cap problema de mal de muntanya, anem a esmorzar a la tenda menjador. El te i el gingebre calent serveixen per escalfar-nos del fred que baixa de les glaceres al matí i acompanyar les torrades o *pancakes* amb mel i melmelada que ens donen l'energia per començar el dia. Omplim les motxilles i ajudem els portadors a preparar els sacs on duen tot el material necessari per al campament i comencem a avançar a poc a poc fins al campament següent. És al·lucinant veure com els portadors pugen entre blocs de roca volcànica i grans arrels amb una gran destresa, aguantant en equilibri sobre el cap els sacs d'una vintena de quilos. Avancen a pas lent, però ferm i segur, fent petites aturades per descansar del pes que suporten al coll i a les espatlles. Una vegada arribem al campament ens posem a muntar les tendes i la cuina en pocs minuts abans de preparar el dinar i ens rentem amb una galleda d'aigua aprofitant l'escalfor del sol. A les tardes, cadascú fa el que vol i el seu cos li demana: uns descansen dins la tenda, d'altres fan un volt pel campament i aprofiten les magnífiques llums i vistes per fer fotografies o simplement seure sobre una pedra a contemplar com canvien els colors a mesura que el sol va caient, i en Simon, el guia de l'expedició i recordista de l'ascens i descens del Kilimanjaro, i jo aprofitem per anar a córrer cap a les cotes més altes per aclimatar el cos a l'esforç amb manca d'oxigen.

Des dels primers dies m'he adaptat molt bé. Mai no he sentit mal de cap i he pogut pujar corrent fàcilment entre 4.000 i 5.700 metres. Sembla que el meu cos reacciona molt bé a la manca d'oxigen, però la veritat és que amb unes vistes com aquestes és difícil concentrar-se a escoltar el propi cos, ja que la ment es queda embadalida en la contemplació d'aquesta meravella. Per fer-vos-en una idea, durant una sortida de Barranco Camp, per entrenar una mica a la tarda, de sobte em sorprenc bocabadat contemplant com el sol projecta l'ombra del Kilimanjaro a la sabana que tinc al davant, a 4.000 metres sota els meus peus. L'ombra dibuixa un triangle perfecte que s'allunya enfosquint un mantell d'or brillant que envolta tota la muntanya. Em sento ben bé al sostre d'Àfrica. A la dreta de l'ombra del Kilimanjaro, un únic obstacle trenca les extensions de sabanes: el mont Meru s'erigeix imponent, com si lluités amb el Kilimanjaro per dominar les planes africanes ajagudes als seus peus. Miro al terra, més a prop meu, per sortir de les vistes de somni que es desperten a la llunyania, però les increïbles llums daurades que il·luminen Barranco i una imponent torre negra coneguda com Lava Tower, que s'aixeca sobre els pendents negres i grocs, no em deixen allunyar d'aquest món que sembla irreal. I no hi ajuda girarme per tornar a córrer cap al cim. Les glaceres de neu blanca cauen com si es tractés de l'escuma d'una tassa de cafè massa plena, i s'endinsen entre la lava negra com si fossin icebergs perduts enmig del desert del Sàhara.

El més sorprenent, de tota manera, no són els jocs de llums i les formes capritxoses de la lava, sinó la felicitat que mostraven en tot moment els portadors. Amb el pas dels dies va anar creixent la confiança i la convivència entre l'equip francogermànic i català i els portadors i guies tanzans. Els primers dies ens entrecreuàvem uns breus «*Jambo, how are you? Fine, thanks*», però a mesura que passaven els dies les converses amb un pobre anglès i amb l'universal llenguatge dels signes anaven agafant més profunditat. Ja no érem els portadors d'un costat i els europeus de l'altre, sinó que formàvem un equip junts. Des del primer dia em va xocar que sempre ens tinguessin preparat un somriure. En avançar-los mentre ells carregaven els pesats sacs entre roques, en preparar el dinar entre la pols del campament, en llevar-se a les sis de la matinada a quinze graus sota zero després d'haver passat una nit en una tenda sense sac de dormir. Sempre tenien un somriure i mostraven expressions de felicitat. El paisatge s'ho valia, però suposo que després de veure'l dia rere dia al final deixa de semblar excepcional per convertir-se en les parets de la vida quotidiana. No, la felicitat no era fruit de la contemplació, sinó del simple plaer del treball i del fet de poder viure els somnis dels alpinistes europeus, als quals ajudaven a fer possible els seus. A mi em semblava molt dur viure en aquestes condicions: amb espardenyes trencades i roba que havien recuperat del que altres alpinistes els havien donat en baixar del cim, dormint dins una tenda amb tota la roba que tenien perquè no disposaven d'un sac de dormir prou calent, lluny de la família, i això setmana rere setmana, d'expedició en expedició.

Però, parlant amb ells, m'adonava que encara eren capaços d'apreciar la bellesa d'aquests paisatges i de gaudir amb els ulls i les paraules dels expedicionaris estrangers que la contemplaven per primera vegada, mentre els explicaven com, anys enrere, abans que l'efecte climàtic es notés, les glaceres baixaven mil metres més avall i arribaven fins a Barranco, i que, abans que la massificació arribés a les ciutats, al voltant encara es podien veure lleons corrent pels camps per sota els 4.000 metres. També somiaven poder sortir a viatjar, tenir una feina millor per posar electricitat a casa seva o poder comprar unes sabates als seus fills. Recordo l'Iddikenja, un portador d'una trentena d'anys acabats de fer, tot i que n'aparentava una bona desena més, que volia guanyar els diners suficients fent de portador en dos anys, per anar a la capital a estudiar per ser guia i poder conduir ell els expedicionaris a la muntanya. O el China, que era un gran aficionat a l'*snowboard*, i encara que només havia vist la neu a les glaceres del Kilimajaro, seguia amb fervor l'esport mirant les fotografies de les revistes i els seus ulls somiaven quan li ensenyàvem les imatges de les muntanyes nevades dels Pirineus i els Alps i els vídeos de les curses d'esquí de muntanya.

Acabem de baixar del cim per primera vegada i ens trobem cansats però satisfets, en arribar de nou a Barranco després d'una llarga jornada. Avui hem pujat tot l'equip junts per reconèixer l'última part del recorregut, tot i que cadascú hi anava amb una tasca molt concreta: els càmeres —l'Olivier, el Raphael i la Marlène—, per reconèixer els bons indrets per filmar; l'Stephan, per captar les millors imatges; la Sònia, per aclimatar-se, ja que serà ella la que m'haurà de socórrer en cas d'accident o de mal d'alçada; el Thierry, per buscar les cobertures d'emissora i veure el recorregut; el meu pare, que després de portar uns clients a pujar al cim la setmana passada, s'ha ajuntat amb el grup per compartir també l'aventura. Tres portadors i el Simon tanquen el grup per mostrar-nos el camí i carretejar el material mèdic, i jo per reconèixer els últims metres i la baixada i per fer l'últim entrenament abans de la temptativa. Però, a mesura que ens acostàvem al cim, hem anat perdent la noció del que havíem de fer i hem quedat absorbits per la força del paisatge i pel fet de sentir-nos volant sobre el continent africà. Miréssim cap a on miréssim, a l'alçada dels nostres ulls només hi havia cel. És una sensació difícil de descriure; és com viure una victòria dolçament, sabent que ho has aconseguit, que estàs en èxtasi, sentint com la pell es posa de gallina i el pols batega més fort, però sense la fatiga i la tensió de saber que si t'avança el corredor que tens al darrere no te n'adonaràs. I aquí al cim, tots hem pogut sentir els mateixos calfreds en tocar el cim de l'Uhuru a 5.895 metres sobre el nivell del mar.

Després d'una enèrgica dansa de benvinguda, en comprovar que havíem tornat tots en bones condicions, amb la resta dels portadors que s'han quedat al campament començo a preparar tot el material que necessitaré demà passat per a la temptativa de rècord des de la porta Umbwe. En el fons no hi ha gaire res per preparar, així que en poc més d'una hora ja tinc a punt la motxilla amb tot el material que hauré de baixar, una cantimplora amb aigua i un parell de gels energètics perquè el Greg i l'Stephan me'ls donin al pas per Barranco. També els deixo un paravent i uns guants per si les temperatures són baixes a la part final, ja que aquest matí al cim les temperatures eren de ben bé quinze graus sota zero. A la Sònia i al Thierry, que m'esperaran al cim, els deixo una altra cantimplora i unes galetes, ja que a partir d'aquí la baixada em durà en pocs minuts a temperatures més càlides i la roba d'abric em sobrarà ràpidament. L'última motxilla és la del material que portaré posat des de la sortida: uns pantalons curts, una samarreta de màniga curta, un gel energètic, les ulleres de sol, uns mitjons, les vambes i el meu iPod. A més a més, poso el necessari a la motxilla per passar la nit a l'entrada del Parc Nacional: el sac de dormir, un petit necesser, una jaqueta d'abric i uns pantalons llargs. Em tanco dins de la tenda ben d'hora per descansar per última vegada per sobre dels 4.000 metres i de seguida m'adormo.

Com que ahir ja vaig deixar tot el material preparat, aprofitem el matí per descansar i mirar les vistes des del campament, de la fonda vall de Barranco, de la plana i de la vida del campament mateix. Veiem com, al matí, els portadors desmunten les tendes i s'allunyen enfilant-se en llargues fileres per les parets rocoses i, a mig matí, van apareixent de nou per muntar de pressa les tendes abans que arribin els turistes.

Després de dinar el Simon i jo desfem el camí que havíem seguit dies abans per tornar a l'entrada del Parc Nacional. En Simon marca un pas tranquil per baixar sense cansar-se. La primera vegada que el vaig veure va ser uns quants mesos abans, a la Western States 100 milles, i em va impressionar. Anava caminant per Squaw Valley la tarda abans de la cursa i me'l vaig trobar assegut a la taula d'una terrassa. Es veia un home molt musculat i fort, amb uns braços sòlids, i sota la samarreta se li intuïen uns abdominals de ferro. Tenia la pell negra com el carbó i anava amb els cabells rapats al zero. Es va aixecar per saludar-me i vaig haver d'aixecar la vista per poder mirar-li la cara, i no tan sols perquè jo sóc força baix, sinó perquè davant meu tenia un home de més de dos metres d'alçada. Per deformació professional li vaig mirar les cames: era impressionant com se li dibuixava tota la musculatura, totes les venes i totes les fibres ben marcades. Em vaig sentir davant d'un corredor de cent metres llisos, però era sorprenent com corria les llargues distàncies amb aquell cos i com n'era, d'àgil, en terrenys accidentats. De la seva cara rodona i juvenil, en destacaven els grans ulls, i, si no hagués estat somrient, segurament m'hauria fet por. Però en Simon sempre somreia, sempre parlava de coses alegres i sempre tenia una broma o una dansa preparades per mostrar-nos. És una sort que hagi acceptat de guiar-nos en aquesta temptativa i m'hagi ensenyat tots els camins i els trucs de la muntanya, els seus perills i les seves dreceres. Així com a acostumar-m'hi. També m'ha fet partícip de la seva forma de veure la muntanya, en sintonia amb les forces que emana a través dels arbres, les arrels, les roques i el vent. És conscient que per al seu país i el seu poble el Kilimanjaro és una important font d'ingressos, ja que atreu molts turistes ansiosos de pujar al cim més alt del continent i dóna molta feina a portadors, guies i comerciants de la regió; però també és una font de vida a través de les aigües que hidraten els seus habitants i a través dels arbres que oxigenen l'aire que respiren, conscient que aquests són els béns més difícils de conservar, però els més importants de mantenir.

Contemplant el paisatge i escoltant les històries que m'explicava de cada indret que travessàvem, arribem a la porta del Parc Nacional, on plantem les tendes per passar-hi la nit. Com que ja és tard preparem de seguida un bon plat de crema de pastanaga i un enorme plat de pasta que em costa déu i ajuda acabar-me. Sens dubte, el que necessiten els dos metres del Simon no és el mateix que el que necessita el meu metre setanta.

Amb l'estómac ben ple ens fiquem dins dels sacs de dormir i de seguida m'adormo pensant com serà el dia de demà.

Amb la primera claror del dia ens despertem i esmorzem un got de te amb un *pancake*. El petit campament l'hem situat a pocs metres de la Umbwe Gate, a una altura de 1.500 metres, envoltat d'arbres centenaris que s'erigeixen com gratacels cap als núvols. El terra és humit i, a sobre del fang, la vegetació baixa, formada per falgueres i altres tipus d'arbustos de grans fulles, és ben densa. És impossible sortir del camí.

Cap als voltants de les set ens apropem fins a la Umbwe Gate, on ens esperen una part de l'equip i els guardes del Parc per filmar, donar testimoni del rècord i cronometrar el temps.

El cel s'entreveu descobert darrere la fina capa de núvols, i des de Barranco ens confirmen que veuen un gran mar de núvols sota els seus peus, i, a més a més, em diuen que la temperatura és bona, que no fa gaire fred cap a les parts altes. Això són molt bones notícies, ja que no és el mateix provar el rècord en unes condicions excel·lents i el terra sec que sota la pluja, amb el terra relliscós i el perill que pot comportar arribar ben mullat a 5.000 metres. Em sento les cames fresques i a punt per començar a pujar.

La Lotta comença a fer el compte enrere a pocs segons de les set del matí, i, en acabar de pronunciar «un», ens llancem el Simon, que m'acompanyarà un tros del recorregut, i jo, a gran velocitat, per la pista que ens durà a través de la selva fins al sostre africà. Em sento molt bé i aprofito per fer passos llargs però eficaços, evitant relliscar amb el fang i impulsant bé per no haver d'aixecar gaire les cames. Sento com la respiració, els passos i les pulsacions se sincronitzen i el meu cos avança com un robot programat entre els arbres. El Simon es comença a quedar enrere. Realment em sento bé i penso que haig d'aprofitar tot el temps que pugui guanyar fins als 4.000 metres, ja que després, tot i la bona aclimatació, no sé com em respondrà el cos. La pista es converteix en un estret camí que a poc a poc s'inclina i, entre arrels i esglaons de roca, puja entre els arbres vells. La humitat en aquest tram és enorme. Em recorda la cursa del mont Kinabalu, a Malàisia, on també hi ha una gran humitat. La suor comença a caure'm per la cara, però em trobo massa bé per afluixar el ritme. Continuo accelerant i en poc més d'una hora ja sóc al primer campament d'alçada, a l'Umbwe Cave, a 3.000 metres. A partir d'aquí la vegetació comença a canviar espectacularment, deixant enrere els alts i frondosos boscos per portar-nos per una cresta envoltada de branques de dos metres d'alçada, d'on pengen llargues barbes de color groc. Sembla que corri per un paisatge d'*El Senyor dels Anells*, i no em sorprendria gens que entre aquests arbustos aparegués de cop un elf saltant. Quan s'obre un forat entre dues de les llargues barbes, es descobreixen sota la cresta els magnífics barrancs que baixen cap a la plana, plens de vegetació i d'arbres alts. Segurament mai ningú no ha caminat per aquells racons, que semblen inaccessibles a la mà de l'home. I un o dos moments, en algun viratge del camí, es pot veure lluny, molt lluny i molt amunt, el cim del Kilimanjaro. En mirar-lo per primera vegada em fa por; miro el rellotge i veig que és impossible arribar-hi en quatre hores. És massa lluny, i massa amunt, 4.000 metres sobre el meu cap. Però el temps que porto és bo, molt bo, vaig per sota del rècord i les cames em permeten impulsar amb facilitat en els forts pendents. Torno a centrar la mirada en els metres davant dels meus peus i com un robot accelero una altra vegada per arribar a Barranco. Els arbustos barbuts van desapareixent i en el seu lloc s'obre un paisatge molt més àrid, de roques i gruixuda sorra volcànica, on tan sols arriben a viure unes quantes lobèlies i grans senecis. Porto la música a tot drap per no distreure'm amb el paisatge o escoltant la natura. És realment increïble i seria tan fàcil quedar-se bocabadat impregnant-se d'aquesta natura... Els REM, Manel, Blondie, Black eyed Peas i molts altres m'ajuden a aïllar-me una mica d'aquesta atracció de la natura i a permetre'm concentrar-me en el meu cos i en els deu metres que tinc al davant. És per això que en girar al voltant d'una torre de lava no sento els crits d'ànim del Greg, que m'està esperant amb una petita càmera per immortalitzar aquests paratges. Em comença a acompanyar corrent darrere meu, però jo continuo accelerant, immers en la concentració sobre el meu cos, i al cap de pocs minuts ja em torno a trobar sol. No hi he parat a pensar, però ja estic per sobre dels 4.000 metres i encara no he començat a notar la falta d'oxigen; de fet, puc córrer igual que si estigués a 2.000 metres, això deu voler dir que l'aclimatació que hem fet la setmana abans ha donat el seu fruit.

I content pel fet de constatar això, em llanço a gran velocitat pel camí rocós que, planejant, em du al que ha estat la meva casa durant l'última setmana, Barranco Camp. Davant meu s'aixeca imponent la paret *somital* del Kilimanjaro. 2.000 metres de roca vertical per on cauen les, ja escasses, glaceres. Des d'aquí em torna a semblar impossible arribar-hi en poc més de tres hores. El recorregut s'apartarà de la via més directa per anar a vorejar per l'esquerra aquestes muralles infranquejables i buscar uns pendents més suaus al nord. En arribar al campament m'espera l'Stephan amb un bidó d'aigua que em bec d'un sol glop. Fa dues hores i quart que he sortit i encara no havia begut res. Això sí, a cada hora em prenia l'equivalent a un gel energètic. Sense perdre gaire temps continuo corrent pel camí que s'enfila entre tarteres en direcció a Lava Tower, un campament d'espectaculars vistes sobre el mont Meru, situat a 4.600 metres, on havíem passat una nit durant l'aclimatació. Em vaig creuant portadors que baixen del campament i tots m'animen i m'aplaudeixen en passar. Sembla que, tot i no haver-hi cobertura telefònica, el boca a boca és sempre una de les eines de comunicació més eficients, i tots saben qui sóc i el que avui estic intentant.

Segueixo un parell de quilòmetres pel camí i em desvio a la dreta sota una cresta afilada de roca negra que em permet arribar al Glacier Camp, a 5.000 metres, sense necesitat de passar per Lava

Tower, i m'estalvio una desena de minuts. El paisatge ja ha abandonat tota mostra de vegetació. Aquí el camí s'esculpeix entre blocs de roca negra descomposta i pedres marrons de totes mides, des d'una taula de menjador fins a la pols més fina. El camí de terra fina fa pendent i a cada pas els meus peus rellisquen una desena de centímetres, enfonsant-se entre les roques. Comença a ser difícil avançar i m'adono que ja no estic corrent. Ara els meus passos són més aviat pesats. «No pot ser la manca d'oxigen!», penso. «Fa un parell de dies corria amb facilitat per aquesta mateixa pujada; per què ara em costa tant?». Però sense donar-hi importància, fa tan sols tres hores estava 3.000 metres més avall, enmig de la selva, i els meus pulmons eren capaços d'agafar tot l'oxigen que els músculs necessitaven. Em prenc un parell de gels en pocs minuts, però no puc accelerar el ritme. No, no és possible que sigui un cop de fatiga, no pot ser que se m'hagin acabat les forces. Dintre meu sento que els músculs són capaços de bombar a gran velocitat i que estan esperant per tornar a llançar-me cap endavant. Em sento buit, sense energia. Quan porto més de dos o tres minuts a un ritme alt, haig d'aturar-me a respirar amb força. El meu cap també navega per aigües desconegudes. No arriba a concentrar-se, ni en el meu cos, ni en el ritme, ni tampoc en el paisatge que l'envolta. Només desitja que s'acabi aquesta buidor. Només desitja aturar-se i estirar-se a reposar. Però no, no puc parar, el rellotge continua avançant. Aixeco el cap i amb confiança i força arrenco a córrer amb decisió, fins que uns minuts després el meu cap em torna a obligar a aturar-me. No entenc aquesta situació. Tinc forces però no puc treure-les. Estan atrapades esperant que s'obri l'aixeta d'energia, que sembla que s'hagi embussat. El temps passa amb més velocitat que mai i els metres avancen amb més lentitud de la que mai han avançat. Però, a poc a poc, vaig pujant entre les parets de roca inclinades fins a sortir a l'enorme cràter del volcà. Davant meu hi ha un dels paisatges més surrealistes que mai he contemplat. Hi ha una gran extensió de sorra negra de lava, però més fina que la del desert del Sàhara, que, exposada a la calor del sol durant tot el dia, en no tenir cap obstacle que li faci ombra, es manté a una temperatura tan alta que en enterrar les mans sota la sorra tens la sensació de posar-les en aigua bullent. I a sobre d'aquest paisatge que podria estar en qualsevol platja d'un volcà caribeny, s'aixequen grans blocs de glaç, com si fossin icebergs de centenars de metres que han perdut el rumb i han quedat encallats en alguna platja. O potser és la visió del que succeirà en un futur llunyà en altres zones del planeta, que ara, més fredes, semblen a l'abric d'aquestes transformacions.

El vent fred que bufa en arribar al cràter em desperta i em permet posar-me a córrer per travessar aquest desert abans d'arribar a l'últim mur de l'ascensió. Les cames recuperen la seva lleugeresa i sembla que l'oxigen torna a circular dintre meu. Aprofito per fer grans gambades i creuar aquest llarg altiplà, i, somrient, em dic que ja ho tinc fet, que ja hi sóc.

Però en arribar al mur de 200 metres que em separa de l'Uhuru Peak, les cames tornen a guanyar a l'instant cent quilos cada una i l'aixeta de l'energia es torna a tancar. Busco en el meu iPod una cançó que em motivi molt per donar-me forces per a aquesta part. En trobo una; començo a sentir el seu ritme electrificant, la seva veu i la seva lletra se m'enfilen a l'ànima per treure'm el pes que porto a sobre i començo a córrer. Sembla que funciona. Pujo corrent entre la sorra fina i fins i tot les cames són capaces de córrer enfonsant-se a cada pas. Em sento amb energia de nou i veig el cim a tocar amb la punta dels dits. Però, a mesura que van passant els compassos, el meu cap torna a desviar el seu rumb i amb ell les meves cames tornen a guanyar pes i a perdre energia. Intento aguantar sense aturarme fins al final de la cançó, però és més fort el cansament que la voluntat i m'assec en una roca a reposar i a respirar amb força. Espero que passi una cançó sencera i em torno a posar a córrer, tot i que aquesta vegada de seguida em poso a caminar fent llargs i lents passos fins a arribar a la cresta *somital*, on m'espera l'Olivier. M'ajupo al terra, poso el cap entre les mans i m'adormo despert, deixant la meva ment en blanc durant uns segons. Em desperto de seguida. «Què estàs fent?», em demano. «Vinga, aixeca't! Ja has arribat. En un minut estaràs al cim i a partir d'allà s'ha acabat el patiment.» M'aixeco, miro el rellotge: cinc hores i vint minuts. «Bé, bé!!», em torno a dir. Em poso a trotar suau, el terreny és menys inclinat i em permet recuperar forces a cada pas, desprendre'm del pes que s'enganxava a cada cama i en pocs segons ja sóc capaç d'accelerar per fer grans gambades i arribar ràpidament al cim.

«Ja està! Ja ho he fet! Per fi!», em dic pensant en veu alta. Sé que a la baixada ràpidament retrobaré la forma i que si no hi ha cap imprevist hauria de batre el rècord. El més dur ja està fet i ara només queda gaudir de la baixada.

Em paro uns minuts al cim per recuperar forces bevent una cantimplora d'aigua i menjant-me les galetes que els vaig donar abans-d'ahir. La Sònia em mira el pols i la saturació d'oxigen a la sang. Està tot correcte. Aprofito per contemplar les magnífiques vistes una altra vegada i, quan ja m'he recuperat i em sembla que tinc el cap ben desvetllat, m'aixeco preparat per baixar sense aturar-me fins a 4.500 metres més avall. Crido un fort «Jambo» al vent per acomiadar-me fins a aquest vespre i començo a córrer per les tarteres de terra fina que cauen del cim. Sento que les cames són lleugeres, que els meus reflexos són ràpids i que els peus es col·loquen exactament allà on la meva ment els ordena. «Avui serà un gran dia», penso. «Avui serà una gran baixada.» No hi ha temps per patir ara, no hi ha temps ni per córrer. El que tinc al davant és temps per volar.

I d'aquesta manera, volant, començo a saltar entre grans blocs de pedra i a esquivar les zigues-zagues del camí. La velocitat és alta, molt alta, i el baròmetre baixa ràpidament. En poc més d'un quart d'hora ja he baixat 1.000 metres de desnivell i, saltant entre les roques de Barafu Camp, uns portadors i guies criden espantats pensant que estic caient pels barrancs. Però no, no estic caient, els meus peus i el meu cos ballen amb el terreny per adaptar-se a les seves formes i desplaçar-se al més ràpidament possible, com una roca que cau del cim i va saltant buscant el camí més directe. Sento que tinc el control total dels meus moviments i gaudeixo com feia molt temps que no ho havia fet. És com si pogués flotar sobre el terreny, com si fos neu i estigués sobre els esquís. Com si fos una pista forestal i anés al damunt d'una bicicleta. No, el control és més gran. Puc jugar amb el terreny, enganyar-lo i fer-li creure que cauré i mil·lèsimes abans de caure aixecar el meu centre de gravetat i saltar cap a una altra direcció. La velocitat és alta al meu voltant, les roques que aixequen els meus peus em passen volant arran d'orella, les pedres, els murs, la sorra i les plantes desfilen sota els meus peus. Però és com si jo fos capaç d'aturar el temps, de posar-me en una dimensió on tot passa lentament i tinc el temps necessari per esquivar cada pedra que em vol fer caure, per preparar-me per amortir un salt o girar abans que una branca m'esgarrapi tot el cos. És un ball entre jo i el terreny i visc cada pas com si fos l'últim que hagués de fer. El paisatge canvia una altra vegada, a la inversa que durant la pujada, però aquest cop no tinc temps d'apreciar cada nova vegetació. Amb poc menys d'una hora ja sóc a Milenium Camp, on m'esperen els portadors que han vingut a veure com acabava la temptativa. Els sento cridar de lluny, estan feliços que tot surti bé i me n'alegro per ells. Arribo entre un núvol de pols al campament i m'aturo un moment per treure'm la sorra que m'ha entrat a les vambes. Els portadors m'han preparat una magnífica crep de melmelada per donar-me forces per a la part final de la baixada i no puc refusar-los de menjar-ne un bon tros. Però no hi ha temps per perdre i pocs segons després ja estic ballant amb les roques i les lobèlies que s'interposen en el meu camí. Continuo gaudint d'aquesta interminable baixada que desitjaria que no s'acabés mai. D'un terreny de grans pendents de roca desfeta passo a camins ràpids de grans blocs de roca, a esplanades entre senecis i torres de lava i a escales de roca i fang dintre del bosc. A partir de l'últim campament el camí es converteix en una contínua ziga-zaga d'escales fangoses de mides diferents. Els meus peus les salten de dues en dues o de tres en tres, sempre amb un bon recolzament per poder girar al més ràpidament a cada revolt, o per avançar un grup d'alpinistes o de portadors que baixen cansats cap a la civilització. Entre grans arbres em poso a avançar un grup per la dreta, em giro per saludar-los i desitjar-los bona baixada quan, de sobte, sento com el meu peu dret xuta amb força una arrel que es queda immòbil al terra. El meu cos surt disparat projectant-se cap endavant i aterro amb les mans i els genolls uns metres més endavant. M'aixeco de pressa, com si no hagués passat res i mirant si algú m'ha vist caure. Evidentment, el grup al qual estava avançant està aturat uns quants metres darrere meu i em demanen si estic bé.

«Cap problema, estic bé. Gràcies», els responc mentre em torno a posar a córrer. El peu i la cama dreta m'han quedat adormits en colpejar contra l'arrel amb força i em costa trobar una altra vegada la seguretat en els meus passos. A part d'algunes esgarrapades a les mans i un tall una mica profund al genoll esquerre, no m'ha passat res, i a la velocitat a la qual anava puc considerar-me un afortunat. Ràpidament recupero el bon ritme i les meves cames tornen a accelerar quan deixo l'esglaonat camí del bosc per arribar a una ampla pista forestal. D'aquí fins a la porta Mweka del parc em queden uns quinze minuts i començo a accelerar amb totes les meves forces, fent passos cada vegada més llargs i cada vegada més ràpids. Els peus no em toquen gairebé al terra. Només les puntes dels dits em serveixen per impulsar el meu cos cada vegada més endavant. Al cap de poc ja començo a sentir soroll. Cotxes que arriben i se'n van, veus de gent cridant i de gent parlant, passos amunt i avall. Miro el rellotge. «Set hores i catorze minuts... Ja hi sóc, un últim esforç», em dic mentre rellanço encara més les meves cames i en girar el revolt que tinc al davant apareix un centenar de metres davant meu la porta de pedra que m'indica que surto del parc. I, darrere seu, m'espera amb emoció la resta de l'equip que no ha pujat a la muntanya, el meu pare, el Simon, els guardes del parc i uns quants turistes, guies i portadors que s'han quedat per veure'm arribar.

En creuar la porta l'emoció és immensa, enorme, com si es tractés d'una de les curses més importants de la meva vida. Però aquesta vegada l'emoció no em fa recórrer els moments viscuts durant la pujada i la baixada del Kilimanjaro, no és l'adrenalina i l'excitació d'haver aconseguit batre el rècord, sinó que les imatges que em vénen al cap són les viscudes durant tota l'estada a la muntanya. Les converses amb els portadors, les danses de cada tarda, la primera vegada que vam pujar al cim, les infusions de gingebre... I, entre els braços del Simon, puc veure que cadascun dels membres de l'equip està revivint el mateix. Perquè el rècord el bat una persona, però l'aconsegueixen tots aquells qui l'han viscut.

I després d'aquests viatges i molts d'altres fent diverses voltes al món, pel Japó, Malàisia, la Reunió, l'Argentina, el Canadà..., el que queden no són ni resultats ni rècords. Queden les persones que he conegut al llarg del camí i que, banyades de suor a l'arribada d'una cursa, esperant en un control de dopatge, a la llum del frontal en una tenda a 5.000 metres, en un santuari nipó entre bonsais o vora el foc en un refugi de pedra, m'han transmès els seus coneixements i les seves experiències, i junts hem vist els mateixos paisatges i hem sentit les mateixes emocions. Metges i metgesses, professors i professores, guies, portadors, expresidiaris que s'han posat a córrer, pescadors i caçadors, viatjants nòmades, executius de corbata enfundats en uns pantalonets roses, blancs, negres, grocs i vermells..., les vivències dels quals donarien per omplir més d'una desena de llibres. Les paraules que han pronunciat o les emocions que hem viscut junts quedaran molt més gravades a la meva memòria que no pas les victòries o els cronòmetres.

9

En què penso quan penso a córrer

A l'altre costat de la finestra el paisatge desfila difuminat i permet que els ulls no se'm clavin en una imatge concreta i que tingui la ment lliure per explorar els meus pensaments. Estic assegut en un seient de vellut amb ratlles grogues i marrons, situat a l'extrem d'un vagó quasi buit d'un tren que em porta cap a l'est.

Quan els pensaments em naveguen desorientats pel cap sense trobar una sortida, sempre em poso a córrer, per tenir la ment més lliure i veure-ho tot amb més claredat des de la distància que et permet relativitzar els problemes. Córrer és la millor manera de posar en ordre les coses del dia a dia, de desconnectar de la rutina i solucionar els problemes que no arribo a veure encara que els tingui al davant. Una vegada em van dir que per poder contemplar una muntanya i buscar el millor camí per creuar-la no pots estar al mig de la paret o al seu peu, ja que les roques, els esperons i les valls taparan els altres camins. Has d'allunyar-te'n per poder-la contemplar en la seva integritat. És per això que ara, per pensar en el que penso quan penso a córrer, m'he d'allunyar de l'activitat, de la suor i de l'esforç, i de les emocions que em mouen per seguir buscant aquell paisatge.

Em passo tota la vida pensant a córrer: abans de fer-ho, penso com correré; quan corro, penso com ho faig, i, després, penso com he corregut. Intento controlar-ho tot: les càrregues d'entrenament, si hauré fet massa o massa poc i quant temps necesitaré per recuperar la salut, si fa massa fred i arribaré constipat a la pròxima cursa. També intento controlar la vida afectiva: si podré veure els meus amics aquell cap de setmana perquè hi ha o no una cursa, si la família podrà escapar-se per venir a la cursa o si el sopar familiar m'anirà bé per a les calories que necessitaré el diumenge següent. Intento controlar el meu cos, escoltar les pulsacions i modificar-les amb el meu pensament; la meva respiració, si és toràcica o ventral; tots els meus músculs estan controlats conscientment i fins i tot puc adaptar la meva son en funció de si necessito més o menys descans. Durant la cursa, no hi ha res fora del meu control; el recorregut el tinc gravat a la ment, conec els rivals com si fossin germans i les sensacions del meu cos flueixen com si les teledirigís. Però mai no he de deixar de pensar que per molt controlat que ho tingui tot, per molt que em sembli que no hi ha res que es pugui escapar de la meva organització matemàtica, sempre hi haurà imprevistos, obstacles a travessar, i és en aquests moments, quan tot l'ordre se'n va en orris, que he de ser molt reactiu, deixar que el meu cos es deixi portar per la intuïció i, sense perdre ni un segon, buscar la solució més ràpida per poder-ho reorganitzar tot de nou.

Mai no he mirat el passat; de fet, sempre he pensat que des del moment que una cosa arriba, sigui un problema que ens agadaria no haver tingut o una alegria en la qual ens quedaríem tota l'eternitat, ja forma part del nostre passat. I, a partir d'aquí, no em puc quedar pensant i lamentant-me del que he fet malament i del que hauria d'haver fet, perquè això, per molt que vulgui, mai no succeirà, i aquests segons, minuts o hores perduts en la lamentació es paguen molt cars en una competició. La competició m'ha ensenyat a buscar la solució més ràpida per travessar un obstacle, a encarar de nou l'objectiu i deixar el passat al darrere.

El més difícil de controlar és, evidentment, tot allò que no podem tocar, tot allò que és efímer i no podem manipular amb les nostres mans. Mai no arribarem a conèixer del tot com funciona el nostre cervell: per què ens emocionem per algunes coses i per què ens angoixem per unes altres. I en l'esport, el control mental és bàsic per tenir bons resultats.

Quantes persones diran que són incapaces de dormir la nit abans d'una cursa, que se'ls menja l'angoixa? Quantes persones a la línia de sortida no es podran aguantar ni les ganes de pixar dels nervis que tenen? Quantes persones durant una cursa es desmoralitzaran al mínim problema, per insignificant que pugui semblar des de fora? O a quantes persones els caurà el món a sobre per un mal resultat en una cursa en la qual tenien grans esperances?

Jo no crec que per relaxar la ment hàgim de passar necessàriament pel cos, sinó tot el contrari.

Relativitzar és l'eina que m'ha fet evitar tots aquests maldecaps. En el fons, si la preparació i els entrenaments han estat bons, no hem de patir per si arribarem en forma, i, si no ho han estat, tampoc no hem de patir, ja sabem que no hi arribarem. Quan ens posem nerviosos, quan ens cau el món a sobre, normalment, ja no hi ha res a fer, per bé o per mal, i, aleshores, només ens queda el remei d'intentar donar el millor de nosaltres i esperar que la intuïció ens porti pel bon camí. I una cursa no deixa de ser una cursa. Davant d'aquesta angoixa ens hem de plantejar si aquest problema, que ara ens sembla que ens durà a la fi del món, d'aquí a deu anys el veurem de la mateixa manera o només el recordarem com una anècdota graciosa. És clar que es pot arribar a la relaxació a través del cos: un treball de meditació, de ioga o de respiració, sortir a córrer per desfogar-nos o sortir de gresca una nit serviran per allunyar-nos momentàniament dels problemes i veure'ls des d'una altra perspectiva. Però, quant durarà aquest estat de calma aparent? Quant trigarem a tornar a la situació precedent? A un estat de relaxació només s'hi pot arribar a través de la consciència, de prendre consciència del nostre estat i de visualitzar-lo des de lluny. No és un estat que hem de solucionar per poder-nos treure un problema de sobre, sinó que hem de canviar el nostre estat permanent i la forma de veure la vida.

Però aquesta no és la pregunta que ens fem tots els corredors i que ens fan tots els que no ho són. Això només és el que penso per poder córrer més ràpid, més lluny i durant més temps. Però, per què corro?

Per què m'enganxa la competició? No ho sé, crec que no hi ha cap motiu. Podria donar l'excusa que vull tornar a sentir la pujada d'endorfines en cansar-me, que necessito tornar a sentir l'emoció en guanyar una cursa o en veure paisatges magnífics. Podria dir que corro pel benestar que em dóna, per la salut o per poder desconnectar dels problemes. Podria ser per suprimir algunes pulsions reprimides durant la meva infància o per aconseguir pertànyer a un grup, per sentir-me valuós en alguna cosa. Potser és per perseguir el meu destí o per escapar-me de les meves pors. Potser és per retrobar l'entorn romàntic que hem perdut en les nostres vides actuals o crear-nos la nostra història dràmatica i heroica, a imatge de les llegendes medievals o bèl·liques, en què podem ser el protagonista i l'heroi en un món on cada vegada sembla més difícil arribar a l'èpica.

No, crec que corro perquè simplement m'agrada, gaudeixo de cada instant i no he de pensar el perquè. Sé que en córrer i esquiar tot el meu cos i la meva ment es posen en harmonia i em permeten sentir-me lliure, per poder volar i expressar-me amb totes les meves armes. La muntanya és la tela blanca i jo el pinzell que dibuixa sense seguir cap norma. Córrer és deixar que la meva imaginació tingui el mitjà per expressar-se i indagar dintre meu. Sempre he estat una persona creativa, ho vaig provar amb la música tocant el violoncel, però mai no vaig aconseguir trencar la rigidesa que em donava la mala tècnica, el sentit del ritme i el control dels codis marcats. L'escriptura em donava més llibertat, ja que tenia menys impediments tècnics, però no em deixava deformar les lletres per explorar altres parts de la meva imaginació. Amb el dibuix vaig aconseguir arribar més lluny, però no vaig aconseguir mai acabar una obra, sempre em faltava tancar-la, em trobava limitat per la tècnica i el concepte que volia plasmar. Al final va triar l'esport, del qual coneixia perfectament el llenç i dominava les tècniques per explorar tots els límits que em permetia posar.

Un gran atleta és el que aprofita les seves capacitats genètiques per fer un gran treball darrere, però un atleta excepcional serà el que sigui capaç de nedar en les aigües de la complexitat i del desordre, fent fàcil allò que sembla difícil, veient ordre dins del desordre. Els individus creatius busquen el desordre per poder explorar tots els indrets que s'imaginen més enllà de les fronteres de la consciència, seguint les forces irracionals que emanen del seu interior i d'allò que els envolta.

Potser corro perquè necessito sentir-me creador; necessito saber què és el que hi ha dintre meu i veure-ho plasmat en algun lloc a l'exterior. Podem explorar el nostre interior i saber del que som capaços, però necesitem exterioritzar-ho i veure-ho separat dels nostres cossos per contemplar-ho com a espectadors, poder-ho valorar i veure'n els defectes per tornar-ho a fer millor. És el plaer intrínsec de crear bellesa i de veure que genera una força d'atracció als espectadors.

Una cursa és com una obra d'art; és una creació que, a part de la tècnica i el treball, necessita la inspiració per poder completar-la amb satisfacció. I també és efímera, perquè, com un mandala budista, es gaudeix durant la seva creació i, en el moment més àlgid, en el punt en què ha assolit la seva perfecció, desapareix per sempre i serà impossible tornar a crear la mateixa cursa. N'hi haurà de semblants, reviurem emocions similars i sentirem sensacions conegudes, però mai no tindrà la mateixa forma perquè la inspiració ens durà a explorar altres formes.

Des del moment que ja no existeix i no podem sentir-la, voldrà dir que ja forma part del passat, i per tornar a sentir el que hem viscut o per recordar el que ha passat l'únic que ens quedarà serà reviure aquells moments. I reviure, sigui una cursa o el que sigui, vol dir canviar-li el codi, traduir-la i interpretar-la, eliminant el que no volem reviure i remarcant el que volem enaltir, per editar dintre la nostra memòria la història que explicarem més endavant. I això no vol dir eliminar els mals moments i engrandir els de glòria; potser tot el contrari, però, en tot cas, és deformar la realitat. I què és real i què és imaginari? Quina part del que recordem o fins i tot del que sentim és només part dels nostres somnis? Van arribar a existir totes aquestes curses i viatges o només són fruit dels capritxos de la meva imaginació? Les fotografies ens permeten saber que sí, que hi vaig ser, i els registres permetran que d'aquí a cent anys encara es pugui recordar quant vaig trigar. Però el que estava veient, el que sentia, el que m'emocionava, això no ho sabré mai del cert, ja que els meus ulls no són com una càmera fotogràfica que es limita a impregnar els colors en un paper, no, els meus ulls veuen el que el meu cervell els deixa veure i deformen la realitat en funció del meu estat. I l'Alba, va arribar a existir? O va ser un oasi dins la meva ment per distreure'm de la monotonia dels passos durant les llargues travessies? No és possible que sigui tan sols fruit de la meva imaginació. Jo em vaig enamorar, vaig sofrir i vaig estimar. Havia de ser real. Però, pensant-ho bé, també vaig ser capaç de plorar i d'emocionar-me quan encara faltaven més de dues hores per arribar a l'estadi de la Redoute durant la Diagonale des Fous, imaginant-me el que sentiria en creuar la línia de meta. L'emoció, en aquells moments, era real, veia i sentia la gent al meu voltant, veia l'herba de l'estadi, la pell se'm posava de gallina i plorava de l'emoció, però aquella visió estava desplaçada en el temps, seria la que reviuria al cap d'unes hores en creuar, ara sí, amb els meus peus, l'arc de l'arribada.

Som el contingut o el contenidor? Som ossos i carn o som sentiments i emocions? És més autèntica una muntanya que recordem per les seves dimensions i la seva altura o la imatge distorsionada que ens porten els sentiments en pensar-hi? Quina vida és més autèntica, la del nostre cos o la de la nostra ment? A vegades penso que tenim dues vides paral·leles que es van retroalimentant, però segurament només en podem viure una, que és la que va flirtejant entre totes dues. En el fons, a la vida només ens queda allò viscut, allò que recordem per tornar-nos a emocionar revivint-ho, i tant se val si en algun moment es va deformar. La felicitat és l'objectiu de tot ésser humà i arribarà a través de les emocions que sentim, a través de petits plaers, de grans conquestes, d'emocions fortes, d'amors i de superació, ja siguin viscudes pel nostre cos, per la nostra imaginació o reformulades per la nostra memòria.

Sense equipatge baixo del tren. A fora comença a caure una fina cortina de pluja, però al cel s'intueix que el sol brilla sobre els núvols. Travesso les vies del tren mentre el tren s'allunya sense fer soroll i m'enfilo per un camí que fa ziga-zagues entre els arbres i m'aixopluga de la pluja fina. El sol comença a il·luminar l'herba i les pedres sota els meus peus, que, a poc a poc, van agafant un color viu, groc, brillant. Les gotes, cada vegada més escasses, em piquen a la cara i a les cames amb una força tímida i la samarreta i els pantalons agafen pes. A cada pas sento com l'aigua es mou amunt i avall dintre les meves vambes, però no em frena, ara m'impulsa, em fa córrer més ràpid, saltar més alt. Deixo el camí, salto sobre els petits matolls i ballo al ritme de la pluja. Canto, crido amb totes les meves forces cap al cel. Sóc feliç, ningú no seria capaç de desdibuixar-me el somriure de la cara. Pujo i baixo sense parar fins a aturar-me en arribar a un altiplà, despotegit dels arbres. Obro els braços i aixeco la cara al cel amb els ulls tancats, deixant que la pluja em mulli la cara i el vent intenti inútilment eixugar les gotes que em rellisquen cap avall. Respiro amb força i torno a arrencar a córrer, saltant i corrent més amunt i cada vegada més de pressa. No existeix cap frontera, cap límit, ara no hi ha res que pugui aturar-me. Oloro el terra, sento l'herba mullada, la primavera, olor de terra forta, amb una aroma inconfusible de vida. Sóc feliç. Em paro un moment a descansar amb les mans sobre els genolls, però ja no noto el cansament. He descobert que no persegueixo ningú i ningú no em persegueix. La felicitat no era un destí, sinó el camí a seguir, i perdo el temps en aquest camí, allunyant el seu inevitable final. La pell freda, el cos calent i els esbufecs de l'esforç em rejoveneixen. El cor es torna a accelerar, l'aire que trec dels pulmons torna a tallar el fred i les meves petjades s'allunyen entre les valls.

Agraïments

Al Jordi Canals, al Joan Solà, a la meva família i als amics per creure des del primer moment en mi i ajudar-me a aconseguir els meus somnis.

A l'editorial Ara Llibres, per donar-me aquesta oportunitat única i ajudar-me en tot el que he necessitat.